Der Rhein

Unser Weltkulturerbe

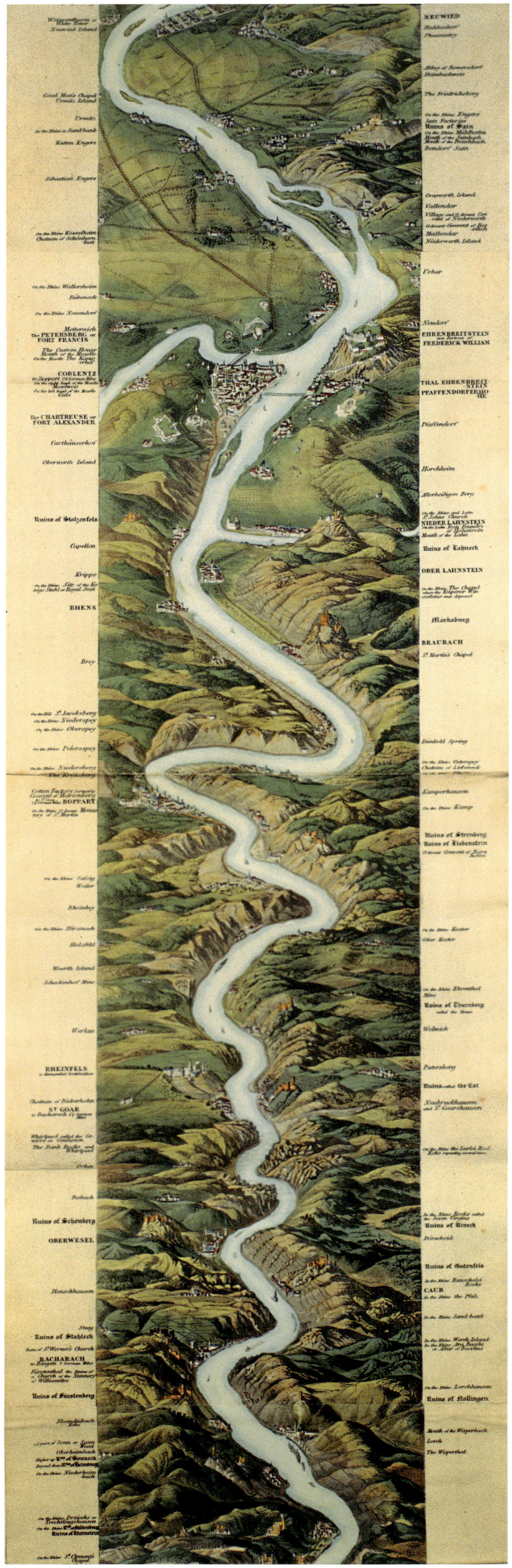

NEUWIED
The Friedrichsberg
Ruins of Sain
Good Man's Chapel
Urmitz Island
Urmitz
Kalten Engers
Sebastian Engers
Bendorf Sain
Vallendar
Urbar
Metternich
The PETERSBERG or FORT FRANCIS
EHRENBREITSTEIN
FREDERICK WILLIAM
COBLENTZ
THAL EHRENBREITSTEIN
PFAFFENDORFERHOHE
The CHARTREUSE or FORT ALEXANDER
Pfaffendorf
Carthäuserhof
Oberwerth Island
Horchheim
Ruins of Stolzenfels
NIEDER LAHNSTEIN
Capellen
Ruins of Lahneck
Krippe
OBER LAHNSTEIN
RHENS
Marksburg
BRAUBACH
Brey
BOPPART
Ruins of Sternberg
Ruins of Liebenstein
Ruins of Thurnberg
Welmich
RHEINFELS
Patersberg
ST GOAR
Ruins of Schönberg
OBERWESEL
Ruins of Gutenfels
CAUB
Ruins of Stahleck
BACHARACH
Ruins of Fürstenberg
Ruins of Nollingen
Lorch

Der Rhein

Unser Weltkulturerbe

Herausgegeben von

Hans Christian Hoffmann,
Dietmar Keller und Karin Thomas

mit Beiträgen von

Detlev Arens, Christian Beutler,
Bernhard Gallistl, Wilfried Hansmann,
Paul Schnitzer, Karin Thomas
und Thomas Veser

Mit englischsprachigem Appendix

DUMONT

Frontispiz:
Friedrich Wilhelm Delkeskamp, Rheinpanorama von Neuwied bis Trechtingshausen, um 1840. Koloriertes Aquatintafaltblatt, 20 cm breit, 270 cm lang. Westdeutsche Landesbank Girozentrale, Düsseldorf / Münster

Konzeption: Karin Thomas
Umschlaggestaltung: Groothuis, Lohfert, Consorten | glcons.de
Reproduktionen: MediaCologne, Hürth
Englische Übersetzung: Eileen Martin
Druck: Rasch, Bramsche
Buchbinderische Verarbeitung: Bramscher Buchbinder Betriebe

Printed in Germany ISBN 3-8321-7323-4

Inhalt

Karin Thomas

Das Rheintal – Hort lebendiger Geschichte und landschaftlicher Schönheit

Der mönchische Geist und das künstlerische Schaffen auf der Klosterinsel Reichenau im Bodensee, die Verbindung von antik-römischem Herrscherwillen mit christlicher Religiosität in der karolingischen Königshalle der Reichsabtei Lorsch, der romanische Dom von Speyer und die Kathedrale der Gotik in Köln, die Barockschlösser Augustusburg und Falkenlust in Brühl und nicht zuletzt der von Burgen und Ruinen, Weinterrassen und Felsen, Hang- und Talsiedlungen umsäumte Rheingraben zwischen Bingen und Koblenz – alle diese herausragenden Denkmäler des UNESCO-Weltkulturerbes würdigen eine Jahrtausende alte Kulturgeschichte, die sich an den Ufern des Rheins vollzogen hat.

Der geografische Nord-Süd-Verlauf des Flusses und seine Nutzungsfähigkeit als Verkehrsader machten den Rhein schon frühzeitig zum Vermittler von Handel und Kultur zwischen dem Römischen Reich und Gallien, später zwischen Italien, Deutschland und den Niederlanden. Seit der römischen Antike waren die Ufersäume des Stroms kulturpolitische Schmelztiegel. Cäsars Soldaten zogen den Rhein flußabwärts bis in die norddeutsche Tiefebene, römische Siedler errichteten an den Ufern befestigte Städte mit hohem Zivilisationsstandard, bauten Brücken und viele Kilometer lange Wasserleitungen, etablierten Verwaltung und Lehre. Von den Kenntnissen römischer Architekten und Gelehrter, von den Leistungen der Kaufleute und Staatsdiener aus der Mittelmeerregion profitierten die nachfolgenden merowingischen und fränkisch-salischen Könige.

Mönche aus Italien wanderten entlang des Rheins nach Norden, christianisierten die germanischen Stämme und gründeten als einen ihrer frühesten Konvente nördlich der Alpen das Benediktinerkloster Reichenau am Bodensee. Die Fresken der Reichenauer Schule im Langhaus der Kirche St. Georg von Oberzell sind die frühesten Beispiele einer szenischen Wandmalerei aus der Zeit vor dem Jahre 1000. Ihre Motivik folgt den illuminierten Vorlagen der klostereigenen Buchmalkunst, deren Einfluß sich weit in den Westen, Norden und Osten Europas erstreckte.

Die bis heute makellos erhaltene Königshalle in Lorsch, ein Kleinod karolingischer Baukunst, das Karl der Große in unmittelbarer Nachbarschaft zum dortigen Reichskloster erbauen ließ, ist ebenfalls Zeugnis eines der wichtigsten Zentren frühmittelalterlicher Kunst und Wissenschaft am Rhein. Das berühmte *Lorscher Evangeliar* mit seinem nach byzantinischem Vorbild geschnitzten Elfenbeindeckel und prachtvoll illuminierten Miniaturen, die Chronik des *Lorscher Codex* und die medizinischen Abhandlungen des *Lorscher Arzneibuches* bekunden die hohen wissenschaftlichen und kulturellen Errungenschaften, die innerhalb des klösterlichen Lebens von Lorsch erbracht worden sind. Die Königshalle erfüllt daher nach dem Befund der UNESCO-Kommission das anspruchsvollste Kriterium, das die Nominierung eines einzelnen Bauwerks zum schützenswerten Weltkulturerbe der Menschheit voraussetzt: Sie gilt als singuläres Meisterwerk menschlicher Schöpferkraft.

Die Heimkehr

Ich weiß nicht, was soll es bedeuten,
Daß ich so traurig bin;
Ein Märchen aus alten Zeiten,
Das kommt mir nicht aus dem Sinn.

Die Luft ist kühl und es dunkelt,
Und ruhig fließt der Rhein;
Der Gipfel des Berges funkelt
Im Abendsonnenschein.

Die schönste Jungfrau sitzet
Dort oben wunderbar;
Ihr goldnes Geschmeide blitzet,
Sie kämmt ihr goldenes Haar.

Sie kämmt es mit goldenem Kamme,
Und singt ein Lied dabei;
Das hat eine wundersame,
Gewaltige Melodei.

Den Schiffer im kleinen Schiffe
Ergreift es mit wildem Weh;
Er schaut nicht die Felsenriffe,
Er schaut nur hinauf in die Höh.

Ich glaube, die Wellen verschlingen
Am Ende Schiffer und Kahn;
Und das hat mit ihrem Singen
Die Lorelei getan.

Heinrich Heine

Aus dem Fundus einer Verschmelzung von antikem Geistesgut, Germanentum und christlichen Idealen entstanden neben den Klöstern auch eine großartige Sakralbaukunst und die mittelalterliche Besiedlungskultur an den Ufern und Hängen des Rheintals. Der Dom zu Speyer, Grablege des salischen Kaiserhauses, dient den Denkmalpflegern heute als wegweisendes Beispiel für die Weiterentwicklung der romanischen Kirchenbaukunst vom basilikalen zum überwölbten Raum mit rhythmischen Wandgliederungen durch vorgelegte Halbsäulen, Gewölbejoche und Kapellenanbauten.

Im Hochmittelalter profiliert sich die römische Stadtgründung Köln als führendes Zentrum der Kunst und Architektur im Rhein-Maas-Gebiet. Die Eleganz der hochstrebenden Kathedrale als lichtdurchflutetes Gehäuse für den Reliquienschrein der Heiligen Drei Könige bezeugt ebenso wie die Kölner Malerschule einen überregionalen Kunst- und Kulturdialog auf höchstem Niveau mit Frankreich und den Niederlanden, aber auch bis hin nach England und Osteuropa.

Aus den Organisationsstrukturen höfischen Bauens formt sich im Zeitalter des Barock eine Schloßarchitektur, die wirtschaftliche und staatspolitische Aspekte mit den Selbstdarstellungsambitionen ihrer aristokratischen Bauherren verbindet. So ist die Brühler Residenz mit den Schlössern Augustusburg und Falkenlust ganz nach den Wünschen des Kurfürsten und Erzbischofs Clemens August geplant, der in einem für ihn errichteten Schloßbau seine eigene Herrscherwürde dargestellt sehen wollte. Zugleich sollte dieser Repräsentationsbau aber auch seinen individuellen Neigungen, d.h. seiner Vorliebe für die Falkenjagd sowie für Kunst und Musik, Rechnung tragen.

Johann Ludwig Bleuler, Ansicht von Speyer und Blick auf den Felsen der Loreley. Kolorierter Kupferstich nach Aquarellen aus dem Mappenwerk »Les Vues les plus pittoresques des Bordes du Rhin depuis ses sources jusqu'a son embouchure dans la mer«, Schaffhausen um 1845

Während der Rhein mit seinen Ufern von der Antike bis ins 16. Jahrhundert eine vorwiegend sachliche Bewertung unter den Gesichtspunkten einer verkehrs- und wirtschaftspolitischen sowie kulturellen Nutzbarkeit erfuhr, setzte im 17. Jahrhundert zunächst mit niederländischen, dann auch mit englischen Malern eine Romantisierung der Rheinlandschaft und damit eine Mythen- und Legendenbildung ein. Burgen und Weinbau an den Hängen des Oberen Mittelrheins ließen zwischen der Binger Pforte und dem Zusammenfluß von Rhein und Mosel bei Koblenz im Einklang mit der cañonartigen Topografie des Flußtals eine Kulturlandschaft entstehen, die künstlerische und dichterische Phantasie vielfach beflügelt hat. Zum Leitmythos dieser Rheinromantik ist der Loreley-Felsen geworden. Sein landschaftlicher Reiz, die Verengung des Tales, ist mit einer erheblichen Gefahr für die Schiffahrt verbunden. Denn seine Gesteinsklippen setzen sich als Untiefen unter dem Wasserspiegel fort. Daraus erwuchs die Sage von der verführerischen Fee auf dem Felsen, die den Schiffer mit ihrer Schönheit so sehr in ihren Bann zieht, daß er – unaufmerksam gegenüber den Tücken des Flußbettes – ihrer Verführungskunst erliegt. Clemens Brentano schuf die Personifikation der Loreley als Zauberin und integrierte die Ballade von der ›Lore Ley‹ 1801 in seinen Roman *Godwi*. Gut zwanzig Jahre später griff Heinrich Heine in seinem ›Buch der Lieder‹ die Loreley-Erzählung auf; in seinem

William Turner,
Marksburg, 1817.
Aquarell- und Deckfarbe über Bleistift, 19,6 x 31,9 cm.
Indianapolis Museum of Art, Schenkung zum Gedenken an Dr. und Mrs. Hugo Pantzer

Gedicht *Ich weiß nicht, was soll es bedeuten* finden Versklang und Inhalt des populären Volksliedes ihren romantischen Widerhall. Systematischer Sammler der rheinischen Sagen und Märchen wurde der in Bonn lehrende Professor für Germanistik, Karl Simrock. Seine zahlreichen Anthologien und eigenen Schwänke, Balladen und Lieder im volkstümlichen Geschmack seiner Zeit wirken bis heute nach.

Seit den ersten Jahrzehnten des 19. Jahrhunderts gehörte eine Dampferfahrt auf dem Rhein zwischen Köln und Mainz zu den am häufigsten gewählten Touristenvergnügen in Europa. Vor allem englische Italienreisende versäumten es nicht, ihren Weg durch Deutschland nach Süden per Schiff flußaufwärts zu nehmen, um die Lieblichkeiten des Rheintals im geruhsamen Panoramablick zu genießen. Zahlreich erscheinende Landschaftsbeschreibungen und Mappenwerke mit Stichansichten von Städten, Dörfern und romantischen Genreszenen begleiteten dabei ihre Sehlust. Den Orientierungswünschen der Rheinbewunderer kam zu dieser Zeit auch eine neue Form der Kartografie in Gestalt von Panorama-Leporellos entgegen, die systematische Landkarteninformationen über den Verlauf des Flusses und seine Uferbesiedlung mit einer plastischen Vogelschau-Darstellung der anrainenden Burgen, Täler, Berge und Städte verband (siehe Frontispiz).

Unter den künstlerischen Entdeckern romantischer Stimmungsbilder an den Ufern des Stroms und grandioser Rhein-Panoramen ragt William Turner, der Initiator einer lichtdramatischen Landschaftsmalerei, besonders hervor. 1817 reiste er auf das europäische Festland, um das Schlachtfeld von Waterloo zu besichtigen. Nach dem Ende der Napoleonischen Kriege war Waterloo als Stätte des Sieges über die französischen Truppen zu einer beliebten Touristenattraktion geworden. Bei dieser Gelegenheit unternahm Turner eine Stippvisite an den Rhein, dessen landschaftliche Vielfalt dem Maler wohl schon bei seinem ersten Auslandsaufenthalt 1802 aufgefallen war. Doch seinerzeit galt sein Hauptaugenmerk dem majestätischen Eindruck der Alpen, wie er sich in den berühmten Gemäldeansichten des Montblanc, des Rheinfalls von Schaffhausen, des St. Gotthard-Passes und Graubündens, aber vor allem auch in der atmosphärischen Darstellung eines alpinen Schneesturms niederschlug. 1817 konzentriert sich Turner nach Waterloo ganz auf die Rhein-Impressionen, die er in den Bleistiftstudien seines Skizzenbuches *Waterloo and Rhine* festhält und die er nach der Rückkehr in einer Serie von fünfzig Rhein-Aquarellen zu durchgestalteten Ansichten ausarbeitet. Marksburg und Andernach, Rüdesheim und die Moselbrücke bei Koblenz – Turners Farben sublimieren arkadische Momente gleichermaßen wie die topografische Klarheit der Vedute. Die idealisierende Landschaftsmalerei eines Claude Lorrain oder Nicolas Poussin verbindet sich bei ihm mit einer knappen

William Turner,
Rüdesheim mit Blick ins Binger Loch, 1817.
Aquarell- und Deckfarbe über Bleistift, 20,3 x 33cm.
National Museum of Wales, Cardiff

Präzision in der Wiedergabe von Burgen und Brücken, Fähren und Schiffen. Die Dynamik des atmosphärischen Lichtes unterstreicht tektonische Spannungen zwischen Flußschlucht und Berghang oder verwandelt das Fließen des Stromes in sich ausweitenden Talniederungen in ein sanftes Gleiten. Mit diesen stilistischen Mitteln wird Turner wegweisend für das Aufblühen einer malerischen Rhein-Sicht, in der sich Stimmung und Realistik, Dichtung und Wahrheit vereinen.

Detlev Arens zitiert in seinem Beitrag über den Oberen Mittelrhein den Dichter Heinrich von Kleist, der den Stromabschnitt zwischen Mainz und Koblenz als »den schönsten Landstrich von Deutschland« apostrophiert hat, und weist zugleich mit Nachdruck darauf hin, daß die eindrucksvolle Auszeichnung der Rheinregion durch die Weltkulturerbeliste der UNESCO auch Verantwortung für den Schutz und den lebendigen Erhalt beinhaltet. Die Einstufung als schützenswerte Kulturlandschaft, die dem Rheingraben 2001 zuteil geworden ist, wird unter allen Kategorien des UNESCO-Welterbes als die anspruchsvollste angesehen. Zu dieser außerordentlichen Bewertung hat neben dem Reichtum an Kulturschätzen, historischer Tradition und landschaftlichen Schönheiten sicher auch die romantisierende Verklärung beigetragen. Doch diese Rheinromantik besitzt auch ihre Schattenseiten in Gestalt einer Vielzahl von Gefährdungen für Natur und Kultur, deren Eingrenzung und Beseitigung mit der Aufnahme in die UNESCO-Weltkulturerbeliste verpflichtend geworden sind.

In diesem Sinne will unser Buch neben der faszinierenden Schönheit und lebendigen Geschichtsträchtigkeit der Weltkulturerbe-Denkmäler am Rhein die denkmalpflegerischen Probleme benennen, die sich für Kulturlandschaften wie die Klosterinsel Reichenau und den Rheingraben, aber auch für historische Siedlungen, Kirchen, Schlösser und Gärten durch die Ansprüche der modernen Verkehrsplanung, des Wohnungskomforts, des Tourismus und der verschiedensten Wirtschaftsinteressen auftun.

Frühes Mönchtum in den karolingischen Klöstern Reichenau am Bodensee und Abtei Lorsch

Christian Beutler

Das frühe Mönchtum und die karolingischen Klöster

Weltflucht und Askese kannte bereits die christliche Spätantike. Antike philosophische Strömungen, wie die auf das Reich der Ideen verweisenden Gedanken Platos, die Stoa und die Gnosis, die den Wert des wirklichen Lebens gering einschätzten, hatten den Boden für eine weltabgewandte Lebensweise bereitet. Hinzu trat die christliche Erbauungsliteratur der ersten Jahrhunderte, die den christlichen Heros als einen Asketen schilderte, der nur das Jenseits als das alleinige, rettende Heil der Seele begriff. Zur Vaterfigur für diese Lebensform wurde der hl. Antonius, der um 275 in Ägypten sich als Eremit in die Wüste zurückgezogen hatte, um dort ein gottgefälliges Einsiedlerleben zu führen. Uns ist er aus dem Isenheimer Altar vertraut, der seine stattliche Erscheinung als würdigen Greis, aber auch seine teuflischen Versuchungen drastisch schildert. Der allgemeinen Verehrung des weisen Einsiedlers schlossen sich damals selbst Kaiser Konstantin und seine Söhne an, die zu ihm in Verbindung traten. Sein Leben hat der streitbare und unruhige Athanasius in einer Vita geschildert, die bald zur verbreiteten Programmschrift des frühen Mönchtums wurde. Die Sorge um das eigene Seelenheil war das oberste Gebot der auf das kargste beschränkten Lebensführung des hl. Antonius.

Doch nur starke Persönlichkeiten konnten solche Einschränkungen in der Einsamkeit ertragen. So kam es nach seinem Tod 356 unter dem Ägypter Pachomius zu einem Zusammenschluß von Eremiten, zu einem ersten gemeinsamen Klosterleben, das die von der Urgemeinde überlieferten (Apg 4, 32–34) Grundsätze zur Grundlage hatte. In der Thebais gründete Pachomius sein erstes Kloster – der Name kommt von claustrum, abgeschlossener Bezirk –, das unter einem Oberen die Mönche in einer einheitlichen Lebensweise, durch eine Wirtschaftsgemeinschaft und einen gemeinsamen Wohnort miteinander verbunden, zu den gemeinsamen Gottesdiensten zusammenführte.

Hausten die Eremiten bisher einzeln in ihren armseligen Hütten und Höhlen, so wohnten die Mönche der Thebais in einem abgesteckten Klosterbezirk und lebten von Almosen und dem Ertrag ihrer bescheidenen Arbeiten, geflochtenen Matten, Körben und Stricken, die sie zum gemeinsamen Verkauf brachten. Die Autorität des Abtes galt unangefochten, und das Gemeineigentum sowie die Gleichheit aller Mönche bestimmten den Alltag. Ehelosigkeit, persönliche Armut und unbedingter Gehorsam unter einer Regel gehörten von Anfang an zum Mönchtum.

Einfache Leitsätze, die dem Text des Evangeliums nahestanden, regelten das Zusammenleben der Brüder, die bald einen ungeahnten Zulauf erhielten. »So entstanden verschiedene Klöster«, berichtet die Vita des Pachomius, »von denen das erste und größte sein eigenes war, mit 1300 Männern; das zweitgrößte bestand aus 200 Brüdern, die übrigen hatten bald etwas mehr, bald etwas weniger, kurz und gut, die Gesamtzahl derer, welche sich in der unter seiner Leitung stehenden Klöstern übten, betrug 7000 Mönche. In dem ursprünglichen Kloster des Großen sammelten sich auch verschiedene Handwerker; so gab es hier 15 Schneider, 7 Schmiede, 4 Zimmerleute, 15 Färber und ebenso viele Schuster, 20 Gerber und die gleiche Zahl Gärtner, 50 Ochsengespanne, 10, welche sich mit dem Schreiben beschäftigten, 2, welche die Aufsicht hatten, 40 Korbflechter. Es wurden in dem Kloster auch 10 Wächter unterhalten. Die, welche den Tisch bedienten, bestellten ihn sogleich morgens mit den gewöhnlichen Nahrungsmitteln; da gab es Brot, Gemüse, Käse, Oliven. Den Arbeitenden war es erlaubt, nach freier Wahl zu jeder ihnen beliebigen Stunde des Tages hineinzugehen und von den Speisen zu nehmen. Auch Schweine wurden in dem Kloster aufgefüttert: Sie wurden geschlachtet und das Beste davon den Kranken und alten Brüdern zu essen erlaubt; der Rest des Fleisches wurde verkauft.«

In der harten Welt der Spätantike, in der der einzelne wenig galt, wurden die Klöster rasch zum Ort einer ersehnten sozialen Geborgenheit, die den Menschen neben der Aussicht auf ein Leben nach dem Tod den Glauben an Christus bescherte. Da die Vorschriften des Pachomius human waren, entstanden im 4. und 5. Jahrhundert allenthalben klösterliche Gemeinschaften in Ägypten und Kleinasien mit zum Teil eigenen Vorschriften und wurden zu Sehenswürdigkeiten einer neuen Lebensform, zu denen Christen von weit her wallfahrteten.

Die neue christliche Lebensweise griff bald auch auf den Westen über. In Rom war es Hieronymus, der wortbegabt und gewandt unter dem römischen Senatorenadel für die neue Lebensform warb. Hieronymus gelang es dabei geschickt, das neue Ideal mit der alten antiken Glücksvorstellung der ›vita rustica‹ zu verbinden, die ein einfaches Leben mit Tugendvorstellungen verband, das dem Dasein in den lärmenden, verkommenen Städten mit ihren Versuchungen von Theater und Zirkus entgegenstand. Während seines römischen Aufenthaltes in den Jahren 382–84 pflegte Hieronymus die Beziehungen zu den Damen des Senatsadels, unter denen die reiche Witwe Marcella, die auf dem Aventin ihren Palast hatte, mitsamt ihrem Gefolge auf ihren Landsitz zog, um sich dort der Meditation und der christlichen Unterweisung zu widmen.

»Selbstgebackenes Brot, Gemüse aus dem eigenen Garten, frische Milch, all die Köstlichkeiten des Landes bieten uns bescheidene, aber bekömmliche Nahrung. Wenn wir so leben, wird uns der Schlaf nicht vom Gebet, die Übersättigung nicht von der Lesung abhalten. Im Sommer wird uns der Schatten eines Baumes Schutz bieten. Im Herbst wird die milde Luft und das Laub, das den Boden deckt, uns zur Ruhe einladen. Im Frühling sind die Wiesen mit Blumen übersät. Zum Zwitschern der Vögel singen sich die Psalmen noch einmal so schön«, schwärmte Hieronymus in einem Brief. Stadtpaläste und Landgüter wurden nun zu klösterlichen Wohnsitzen, in denen die eigenen Besitzer sich der Askese und ihren geistlichen Meditationen widmeten. In Rom und auch in anderen Städten entstanden daneben klösterliche Gemeinschaften, die sich die Pflege einer besonderen Kirche zur Aufgabe machten, die sogenannten Basilika-Klöster. Die mönchische Lebensform begann so, die christlichen Gemeinden auf verschiedene Arten zu durchdringen.

Während die Schüler und Nachfolger des Antonius gleichfalls in die Wüste wanderten, war dies für seine geistlichen Nachfolger im Westen nicht möglich. An die Stelle der Wüste trat nun als wilder und unbehauster Ort das Meer. An der italienischen Küste entstanden auf kleinen vorgelagerten Inseln vereinzelt Mönchsniederlassungen. Von ihnen berichtet Ambrosius, der damals als Bischof in Mailand residierte und in der Karwoche 389 in den Predigten zum Sechstagewerk Gottes, dem Hexaemeron, die Schöpfung Gottes pries: »So ist das Meer ein stilles Heim der Enthaltsamkeit, eine Schule der Entsagung, ein Asyl des Lebensernstes, ein sicherer Hafen und eine Ruhestätte im Diesseits, ein Verzicht auf diese Welt und dazu ein Ansporn der Frömmigkeit für die gläubigen und frommen Männer, denn mit dem Rauschen der Wogen, die sanft ans Ufer schlagen, wetteifert der Gesang der Psalmenbeter, und die Inseln stimmen freudig mit dem friedlichen Reigen der heiligen Fluten zusammen und hallen wider von Lobgesängen der Heiligen.« Vor der Küste Südfrankreichs ließen sich damals auf den Lérins-Inseln zahllose Mönche nieder, die im Sinne der Worte des Ambrosius lebten.

In Gallien war es Martinus von Tours (317–97), der dem Mönchtum zum Durchbruch verhalf. Martinus war ein ehemaliger römischer Soldat aus Pannonien, der am Eingang von Amiens einem Bettler half, indem er seinen Mantel mit ihm teilte. Er gründete 361 das erste Kloster in Gallien, Ligugé bei Poitiers, und wurde 371 zum Bischof von Tours gewählt, blieb jedoch Mönch und gründete später die berühmte Abtei Marmoutier. Sulpicius Severus beschrieb in dem Jahr seines Todes das Kloster:

»Dieser Ort war so verborgen und abgelegen, daß Martinus keinen Grund hatte, sich nach der Einsamkeit der Wüste zu sehnen. Auf der einen Seite war der Platz von der steilen Felswand eines hohen Berges abgeschlossen. Die freie Ebene umschloß die Loire in sanfter Krümmung. Es gab nur einen einzigen Zugang, und dieser war recht schmal. Martin hatte eine aus Holz erbaute Zelle. Ebenso wohnten auch viele Brüder. Die meisten hatten aber die Felswand des überhängenden Berges ausgehöhlt und sich auf diese Weise Wohnstätten geschaffen. Es waren etwa achtzig Schüler, die sich nach dem Vorbild des seligen Lehrers formen wollten.

Keiner besaß dort etwas zu eigen. Alles gehörte der Gemeinschaft. Kaufen und Verkaufen – was bei den meisten Mönchen üblich ist! – waren dort nicht gestattet. Außer der

Schreibarbeit wurde dort kein Handwerk verrichtet. Doch zu dieser Arbeit zog man nur die Jüngeren heran. Die Älteren widmeten sich ausschließlich dem Gebet. Selten verließ einer seine Zelle, außer um sich zum gemeinsamen Gebet zu versammeln. Gemeinsam aßen sie nach der Zeit des Fastens. Wein kannte keiner, außer wenn eine Krankheit einen zum Trinken zwang. Die meisten trugen Kleider aus Kamelhaaren. Ein feineres Gewand hielt man für ein Verbrechen. Dabei ist besonders zu bewundern, daß unter ihnen viele aus vornehmem Stand waren. Obwohl sie in ganz besonderem Sinne erzogen worden waren, zwangen sie sich nun zu solcher Niedrigkeit und Abtötung. Viele von ihnen sahen wir später als Bischöfe. Welche Stadt und Kirche hätte auch nicht gerne einen Bischof aus Martins Kloster gehabt?«

Martin führte die im Osten entstandene Lebensform in Gallien ein und wirkte so nachhaltig auf die Christianisierung des fränkischen Reiches. Sein Mantel (lat. capa) wurde unter den Merowingern in Friedenszeiten im königlichen Oratorium aufbewahrt, der Kapelle, die im übertragenen Sinn den Kern des Hofes meinte. Die Nachwelt hat ihn zum Schutzpatron und Nationalheiligen von ganz Frankreich gemacht.

Eine besondere Art der monastischen Lebensweise entwickelten die irischen Mönche. Die grüne Insel war im 5. Jahrhundert unter dem hl. Patrick christianisiert worden, hatte aber, von Rom unabhängig, ihre Eigenarten bewahrt. So feierte die irische Kirche Ostern an einem anderen Tag, und ihre Mönche trugen eine rechteckige Tonsur. Auch konnte der Abt über dem Bischof stehen. Das Amt des Bischofs war an die Persönlichkeit gebunden und nicht an den Sitz. An schroffen Klippen gelegen, umtost vom Ozean, hatten die irischen Klöster sich einer strengen Askese unterzogen. Zu ihr gehörte der Brauch, zeitweise die Heimat zu verlassen, um in der Fremde zu missionieren.

Diese »Peregrinatio propter Christum« unternahm auch der Ire Columban, als er um 590 mit zwölf Gefährten von Irland nach Gallien übersetzte, um auf dem Kontinent in der Einsamkeit der Vogesen die Klöster Luxeuil sowie Annegray und Fontaine zu gründen. In der fränkischen Umgebung kam es jedoch zu Spannungen zwischen den Fremden und dem gallischen Episkopat sowie den merowingischen Landesherren, die andere Moralvorstellungen als die Missionare hatten, und Columban mußte das Land verlassen. Er ging an den Bodensee und nach St. Gallen, danach wanderte er nach Oberitalien weiter, wo er das Kloster Bobbio nach irischem Muster gründete und dort 612 starb. Damals folgten zahlreiche irische Mönche seinem Beispiel, Kilian in Würzburg, Emmeram in Regensburg, Willibald in Eichstätt, Gallus, Columbans Gefährte, blieb in St. Gallen. Aber auch in Vergessenheit geratene Mönche zählten zu ihnen, wie Offo in dem jüngst ergrabenen Schuttern am Oberrhein.

So entwickelte sich die Idee des Mönchtums in sehr freier, verschiedenartiger Weise in der westlichen christlichen Welt. Die Grundsätze, auf die sich die klösterlichen Gemeinschaften einigten, waren im Kern gleich – Armut, Ehelosigkeit und Askese –, in ihrer jeweiligen Ausgestaltung jedoch unterschiedlich und ließen den einzelnen mehr oder weniger größere Freiheiten. Erst das Auftreten von Benedikt von Nursia im 6. Jahrhundert brachte in diese Vielheit eine strenge Ordnung, die unter den Karolingern aus dem Mönchtum eine geschichtliche Kraft machte.

Benedikt stammte aus Umbrien, war in Rom gewesen, wurde Eremit und Vater einer Mönchskolonie von zwölf Klöstern. Papst Gregor der Große besuchte ihn 546 in Montecassino, wo Gregor mit ihm »über den Einzug des Königs Totila in Rom und den Untergang der Stadt Rom« sprach. Das ist alles, was wir über ihn sicher wissen. Seine Berühmtheit verdankt er seiner Lehre: »Er schrieb nämlich für Mönche eine Regel, die sich durch weise Mäßigung und verständliche Darstellung auszeichnet«, so Gregor. Ihr Ansehen wurde so groß, daß sie im Mittelalter bei Synoden und Reichstagen neben dem Alten und dem Neuen Testament lag.

Benedikts Regel ist ein Erzeugnis des klaren römischen Geistes. Er begreift den Mönch als selbständigen, verantwortlichen Christen, der Gott und dem Nächsten dient. So wählen die Mönche ihren Abt selbst aus ihrer Mitte. Er ist der Herr, dem Gehorsam zu leisten ist, aber er ist zugleich verantwortlich für das Wohlergehen des Klosters wie jedes einzelnen Mönches. So soll er ein Vater für die Mönche sein. Wichtige Angelegenheiten werden dem Rat der Brüder vorgetragen, weniger wichtige nur den Älteren unter ihnen. Die Entscheidung fällt jedoch der Abt.

Die Regel trägt dem Jahresablauf Rechnung, indem sie im Sommer kürzere, im Winter längere Nachtruhen vorsieht, und sie bestimmt auch den nächtlichen Psalmengesang. Von dem Gottesdienst tagsüber heißt es: »Wie der Prophet sagt: Siebenmal am Tag singe ich dein Lob. Diese geheiligte Siebenzahl erfüllen wir dann, wenn wir in der Morgenfrühe sowie zu den Stunden der Prim, Terz, Sext, Non, Vesper und Komplet unseren schuldigen Dienst leisten; denn von diesen Gebetsstunden am Tag sagt der Prophet: Siebenmal am Tag singe ich dein Lob. Von der Feier der nächtlichen Vigilien sagt der gleiche Prophet: Um Mitternacht stehe ich auf, um dir zu lobsingen. Zu diesen Zeiten wollen wir also unserem Schöpfer den Lobpreis darbringen wegen seiner gerechten Entscheidungen, nämlich bei der Morgenfeier, Prim, Terz, Sext, Non, Vesper und Komplet; und auch bei Nacht wollen wir aufstehen, um ihn zu preisen.« Jede Woche war der Gesang des Psalters mit seinen 150 Psalmen ungekürzt zu singen, so daß in der Nacht zum Sonntag jeweils neu begonnen werden konnte.

Alle Mönche schliefen gemeinsam in einem Raum und blieben bekleidet mit Kutte und Strick. Der Mönch erhielt daher zwei Tuniken und zwei Kukullen »wegen der Nacht und um die Sachen waschen zu können«, Schuhe für den Winter und die Reise, Sandalen für den Sommer sowie eine Arbeitsschürze. »Doch muß der Abt immer den Satz der Apostelgeschichte bedenken: Jedem wurde zugeteilt, was er nötig hatte. So muß also auch der Abt auf die Schwächen der Bedürftigen Rücksicht nehmen, nicht auf die Mißgunst der Neider.«

Der Tagesablauf war ebenfalls fest geregelt. »Müßiggang ist der Feind der Seele. Deshalb sollen sich die Brüder zu bestimmten Zeiten mit Handarbeit, zu bestimmten Stunden dagegen mit heiliger Lesung beschäftigen. Wir glauben also, daß durch folgende Ordnung die Zeit für beides geregelt werden kann: Von Ostern bis zum ersten Oktober verrichten die Brüder in der Prim bis etwa zur vierten Stunde die notwendigen Arbeiten. Von der vierten Stunde bis zur Zeit, da sie die Sext halten, sind sie frei für die Lesung. Wenn sie nach der Sext vom Tisch aufstehen, ruhen sie unter völligem Schweigen auf ihren Betten, falls aber einer für sich lesen will, lese er so, daß er keinen anderen stört. Die Non wird früher gehalten, etwa um die Mitte der achten Stunde. Dann verrichtet man bis zur Vesper die anfallenden Arbeiten.«

Bei den gemeinsamen Mahlzeiten herrscht Redeverbot. »Zwei gekochte Gerichte sollen also für alle Brüder genügen; ist noch Obst oder frisches Gemüse zu haben, so kann man noch ein drittes hinzugeben.« Doch darf die gemeinsame Lesung nicht fehlen, die ein Bruder aus einem erbaulichen Text vorträgt. Da der Abt die Verbindung zur Außenwelt aufrechterhält, speist er mit den Gästen an einem gesonderten Tisch, wie er auch gesondert wohnt. »Ganz besondere Aufmerksamkeit soll man der Aufnahme von Armen und Pilgern schenken; denn in ihnen wird mehr als in anderen Christus aufgenommen. Die Reichen sorgen schon durch ihr herrisches Auftreten dafür, daß sie geehrt werden.«

»Der Pförtner soll seine Zelle neben der Pforte haben, damit ihn die Besucher immer dort antreffen und Auskunft erhalten. Sobald jemand klopft oder sich ein Armer meldet, antwortet er: ›Gott sei Dank‹ oder ›Segne mich.‹ In aller Freundlichkeit, wie sie ihm die Gottesfurcht eingibt, und beseelt vom Eifer der Liebe, gebe er sogleich Auskunft. Braucht der Pförtner einen Gehilfen, so erhält er einen jüngeren Bruder. Das Kloster soll womöglich so angelegt sein, daß sich alles Notwendige innerhalb der Klostermauern befindet, nämlich Wasser, Mühle, Garten und die verschiedenen Werkstätten, in denen gearbeitet wird. So brauchen die Mönche nicht draußen herumlaufen, was ihren Seelen ja durchaus nicht zuträglich ist.«

Benedikt beschloß seine Regel mit den bescheidenen Worten: »Wenn wir übrigens diese Regel geschrieben haben, so deshalb, damit wir durch ihre Beobachtung ein klein wenig eine gewisse Anständigkeit und Tugend und einen Anfang im klösterlichen Leben beweisen.« War die Regel in Italien entstanden und sah man in Benedikt einen römischen Abt, so trat sie ihren Siegeszug doch in Gallien an. Im fränkischen Reich der Karolinger verdrängte sie bis 816 fast alle früheren Formen des Mönchtums: Die Mönche wurden Benediktiner. Die karolingischen Herrscher sahen in dieser straffen, auf die Christianisierung ausgerichteten Organisation den willkommenen und willigen und wohl auch einzig dazu fähigen kulturellen Helfer im Aufbau ihres politischen Staates. Es bestand eine Interessengleichheit zwischen dem Mönchtum und dem Königtum bei der Befriedung so vieler Völkerschaften, wie sie das karolingische Reich umfassen sollte. 744 erfolgte die von Bonifatius veranlaßte Gründung von Fulda, dem ersten Kloster auf deutschem Boden, in dem die Regel Benedikts verbindlich galt. Vierzig Jahre später, 784, ordnete Karl die Regel Benedikts als verbindlich für alle Klöster in seinem Reich an.

Mit dem Niedergang der merowingischen Dynastie ab 613/14 und dem Aufstieg der karolingischen Hausmeier zu einem neuen karolingischen Königtum, das 751 mit der Salbung Pippins durch Bonifatius in Soissons seine Krönung fand, verlagerte sich das politische Geschehen nach Osten. Die austrasische Hauptstadt Metz gewann nun an Bedeutung, und neue Klöster entstanden beiderseits des Rheines. Am Oberrhein gründete Pirmin Murbach und die Reichenau. Willibrord machte Utrecht zum Bischofssitz im Norden und wurde in Echternach begraben. Kaiserswerth entstand auf einer Rheininsel, und Prüm in der Eifel wurde zu einem Hauskloster der Karolinger. Fulda und Fritzlar wurden zu Stützpunkten der Mission unter den Sachsen.

Auch die Gründung und der Ausbau von Lorsch zum karolingischen Reichskloster vollzog sich im Rahmen fränkischer Politik. Das Kloster lag nur einen Tagesritt von Worms, einer alten Pfalz städtischen Gepräges und Bischofssitz, im breiten Rheintal, wo dieses von dem Weg aus Lothringen nach Franken durch den Odenwald gekreuzt wird. Es war eine Gründung der fränkischen Reichsaristokratie, des Grafen des Oberrheingaues Kankor und seiner Mutter Williswinda, der Witwe des Grafen Rupert, vor dem Jahre 764 zu Ehren des Apostels Petrus auf einer kleinen Insel der Weschnitz. Die Mönche für diese Gründung kamen aus Metz, wo Bischof Chrodegang, der nach dem Märtyrertod des Bonifatius 754 die Führung der fränkischen Kirche übernommen hatte, das Kloster Gorze nach Benediktinischen Grundsätzen leitete. Chrodegang übernahm mit 16 Mönchen als erster Abt die Leitung von Lorsch, bevor er sie an seinen Bruder Gundeland weitergab. Doch veranlaßte er noch die Überführung der Reliquien des hl. Nazarius, eines Märtyrers aus Rom, dessen Fest man im Kloster am 12. Juni feierte, nach Lorsch.

»Zur feierlichen Wallfahrt der Übertragung«, berichtet der Lorscher Codex, »strömte die Bevölkerung des ganzen Landgebietes bis zum Wasgenwald haufenweise herbei, viel Volk beiderlei Geschlechts, Jünglinge und Jungfrauen, die Alten mit den Jungen. Die weitbekannten Grafen Cancor und Warin und andere vornehme und achtbare Männer der Gegend hoben den durch Gottes Fügung ihrer Heimat bestimmten Schatz des heiligen Körpers auf ihre eigenen Schultern und verbrachten ihn, begleitet von den Hymnen und geistlichen Gesängen einer ungeheuren Volksmenge, an den vom Himmel vorgesehenen Ort. Da aber der verfügbare Raum jener oben erwähnten Insel klein und beengt war, reichte er für die Aufnahme einer solchen Menschenmenge und selbst der alltäglichen Besucherzahl nicht aus. Auch die örtliche Lage entsprach nicht einem Kloster von so berühmtem Namen. Sie entsprach auch keineswegs der durch die Verdienste ihres Märtyrers in den nächstfolgenden Zeiten erreichten hohen Würde. Der Wunsch und die Ansicht aller ging daher dahin, daß Kloster und Kirche baulich bedeutend zu erweitern und auf den Hügel zu verlegen seien, auf dem man die Anlage noch heute sieht.« Die feierliche Weihe fand am 1. September 774 in Gegenwart des Königs und der Bischöfe von Mainz, Würzburg, Passau, Trier und Metz statt. Der rastlose König, der sein Reich vom Sattel aus regierte, war mit seinen Vasallen für einen Tag nach Lorsch gekommen.

Mit der Überführung der Reliquien sicherte sich das Kloster den Schutz des Himmels und das Ansehen in der Welt. Über 3000 Schenkungen an den hl. Nazarius machten es bis 810 zu einem der reichsten Klöster des Reiches.

Thomas Veser

Klosterinsel Reichenau
Architektur, Kunst und lebendige Traditionen

Im Bischofsornat steht der legendäre Klostergründer Pirmin aufrecht in einem Kahn und segnet die Bodenseeinsel mit seiner rechten Hand. Frösche und Schlangen stürzen sich als Sendboten der Hölle in den Gnadensee und weichen endgültig von der Augia Dives, wie die Reichenau im Latein des Mittelalters genannt wurde.

So stellte der Maler des barocken Tafelbildes im Reichenauer Münster die Inselnahme durch den vermutlich aus der Stadt Meaux an der Marne im heutigen Frankreich stammenden Wandermönch und seine 40 Mitbrüder im Jahre 724 dar. Es entstand 1624 zum 900-jährigen Jubiläum des Klosters. Damit illustrierte sein Schöpfer die Gründungsgeschichte, wie sie der Reichenauer Mönch Hermann der Lahme (1013–1054) in seiner an Walahfrid Strabo (842–849) orientierten Chronik zum Jahre 724 niedergeschrieben hatte. Wie und wann genau Kloster Reichenau gegründet wurde, läßt sich freilich nicht mehr bestimmen. Es gibt darüber zu wenige schriftliche Quellen, die als weitere Erschwernis oft nur in Teilen erhalten blieben. Sie stammen aus verschiedenen Zeitabschnitten und weisen bisweilen Widersprüche auf.

Zur Frühgeschichte der meisten Klöster und Stifte gehörten fast untrennbar Fälschungen, womit man den vortrefflichen Zustand von Recht und Besitz des Konvents hervorkehren wollte. Auch die Reichenauer Gründungsurkunde, wonach Karl Martell (714–741) als frommer Stifter auftrat, sollte sich schließlich als Fälschung des 12. Jahrhunderts erweisen.

Mit großer Wahrscheinlichkeit verdanken die Wandermönche ihre Schenkung lokalen Adeligen aus dem schwäbischen Herzogengeschlecht. Und die Nellenburger Grafen, die das Konvent zur Grablege gewählt hatten, dürften sich ihnen gegenüber ebenfalls von ihrer großzügigen Seite gezeigt haben.

Walahfrid zufolge mußte Pirmin, dessen Mönchsgemeinschaft nach den Vorgaben einer columbanisch-benediktinischen Mischregel lebte, die Insel schon drei Jahre später verlassen. Wohl in Zusammenhang mit steigenden Spannungen zwischen dem Herzogtum und Karl Martell, Hausmeier im Fränkischen Reich, hatte Herzog Theobald beschlossen, den Abt von der Reichenau zu verweisen. Nachdem er im Elsaß, der Ortenau und der Pfalz weitere Ab-

Blick auf die Reichenau von der deutschen Seite des Bodensees

teien gegründet hatte, starb Pirmin 753 Walahfrid zufolge im Kloster Hornbach, das er als Abt leitete.

Aus bescheidenen Anfängen entwickelte sich die Marienabtei Reichenau schnell zu einem wohlhabenden Kloster. »Der Rheinstrom, von den östlichen Alpen in großem Bogen westwärts flutend, umspült diese Stätte mit dem Wellenschlag des Meeres. Er trägt in der Mitte eine Insel, die im Schmuck ihrer neuen Bauten prangt«, hielt Abt Walahfrid in einem Brief an Papst Gregor fest. Reichenauer Äbte profilierten sich am Hof Karls des Großen (768–814) und dessen Sohnes Ludwigs des Frommen (813/14–840) als Erzieher der jungen Prinzen. Karl schickte seinen geschlagenen Erzfeind, Sachsenherzog Widukind, auf die Insel, wo er als Mönch seine Tage beschloß. Selbst Kyrill und Method, die Apostel der Slawen, hielten sich – wie Chroniken verzeichnen – auf der Insel auf. Von Karolingern und Ottonen gefördert, konnte das Kloster seinen Grundbesitz auf der Insel ständig mehren. Seine Mönche widmeten sich der Landwirtschaft, wobei sie für den Eigenbedarf Obst, Gemüse und Wein anbauten.

Abt Waldo (786–808) führte die Geschäfte des Bistums Basel und verwaltete das Bistum Pavia. Allmählich gewann das benediktinische Kloster politischen Einfluß im Reich der Karolinger, die Reichenauer Äbte zunehmend als Ratgeber schätzen lernten. Um 811 begab sich Abt Heito I. auf eine diplomatische Reise nach Konstantinopel. Damit begann für das Kloster eine Epoche, die oft als »goldenes Zeitalter« bezeichnet wird. Abt Reginbert, der um 846 starb, legte die Grundlage für eine der bedeutendsten Klosterbibliotheken Europas. Hatto III. erhielt von Papst Formosus 896 bei der Krönung Arnulfs zum Kaiser in Rom die Kopfreliquie des heiligen Georg und brachte das wertvolle Geschenk auf die Bodenseeinsel. Schon 830 hatte Bischof Ratold von Verona den frommen Männern die Gebeine des heiligen Markus geschenkt. Diesen Reliquien verdankte der Konvent nicht nur steigendes Ansehen, mit ihnen ließen sich im Mittelalter wirkungsvoll Machtansprüche begründen. Hatto III. war sich als Erzkanzler des Reiches dieser Rolle bewußt, als er beim Tode Ludwigs IV. 911 beherzt in die Auseinandersetzung um die Thronfolge eingriff. Mit der Krönung und Salbung Konrads I. zum König gelang es ihm schließlich, den drohenden Zerfall des ostfränkischen Reiches zu verhindern.

Als geistig-kulturelles Zentrum strahlte das Licht des Benediktinerklosters und seiner Schule bald weit über die kleine Bodenseeinsel hinaus. Walahfrid Strabos Gedichtzyklus *De cultura hortorum* bildete die erste europäische Abhandlung über den Gartenbau. Er erläutert in diesem Werk bereits den Nutzen einzelner Kräuter. Im Skriptorium des Klosters entstand um 830 der karolingische Reichenauer Klosterplan, der als einzige erhaltene Bauzeichnung des frühen Mittelalters von der Abtei St. Gallen in Auftrag gegeben wurde und sich heute in der dortigen Stiftsbibliothek befindet. Und die *Visio Wettini,* in der Walahfrid in lateinischen Hexametern die Visionen des Mönches Wetti im Angesicht des Todes schildert, gilt als bedeutendstes Zeugnis der Reichenauer Spiritualität. Diese Dichtung wird oftmals als Vorläufer der *Göttlichen Komödie* von Dante eingestuft. Strabo starb 849 auf dem Weg zu seinem Schüler Karl II. Damit hatte der Konvent die schillerndste Persönlichkeit des »goldenen Zeitalters« verloren.

Es sollte fast zwei Jahrhunderte dauern, bis eine andere Gelehrtenpersönlichkeit die mittelalterliche Welt in Staunen versetzte: Hermanus Contractus, wie er seiner Lähmung wegen genannt wurde, wirkte nicht nur als Astronom und Komponist. Das »Wunder des Jahrhunderts«, wie man ihn titulierte, erwies sich als Universalgenie, dessen Quellenzuverlässigkeit noch heute geschätzt wird. Hermanus führte die seit Christi Geburt durchlaufende Jahreszählung ein und konnte so die Weltgeschichte vor und nach diesem Ereignis in Jahresschritten darstellen. Das Kirchenlied ›Salve Maria‹ wird ihm zugeschrieben.

Aus bescheidenen Anfängen entwickelte sich auch die Buchmalkunst, die schließlich im 10. Jahrhundert und in der ersten Hälfte des nachfolgenden Jahrhunderts aufblühte. Zu den herausragenden Auftragswerken zählt das Evangeliar Ottos III., das die Mönche zwischen 998 und 1000 schrieben und malten. In diesem mit Gold, Edel- und Halbedelsteinen sowie Elfenbein geschmückten Meisterwerk wurde erstmals der Goldgrund in die europäische Malerei eingeführt. Viele Meisterwerke aus der Reichenau sind im Laufe der Jahrhunderte verlorengegangen. Heute kann man noch etwa 40 der bekanntesten Codices Reichenauer Herkunft weltweit in Bibliotheken bewundern.

Inhaltliche und kompositorische Vorlage für die Wandgemälde lieferten die illuminierten Buchwerke der Malerschule. Auf dieser Grundlage entstanden die Gemälde in den Gotteshäusern auf der Insel. Zunächst zeichnete man mit einem Pinsel auf dem Wandputz die Motive vor und überdeckte die Flächen, die später bemalt werden sollten, mit Schablonen. Dank dieser Technik erzielten die Mönche bei Gesichtern, Händen und Füßen eine bemerkenswerte Einheitlichkeit und Spiegelgleichheit.

Im ersten Schritt gestaltete man den Hintergrund, dann die vorgesehenen Bauwerke, zum Schluß wurden die Figuren dargestellt. Wie im ganzen Alpenraum während des frühen Mittelalters üblich, hob man Heiligenscheine dadurch hervor, daß Edelmetallplättchen mit Kupfernägeln an der Wand befestigt wurden.

Reichenauer Mönchen verdankt man in St. Georg eine der frühesten Darstellungen des Christus als Pantokrator (Allherrscher) nördlich der Alpen. Und die Wandgemälde in der Kirche bestechen nicht nur durch außerordentliche künstlerische Qualität, sie bilden in diesem Teil Europas das einzige, vor dem Jahr 1000 geschaffene Beispiel für umfassende szenische Wandgemälde in gut erhaltenem Zustand.

Unterstreichen die Leistungen der Malerschule die Rolle der Reichenau als künstlerisches Zentrum mit großer Bedeutung für die europäische Kunstgeschichte des 10. und 11. Jahrhunderts, so liefern die drei Kirchen St. Maria und Markus, St. Georg sowie St. Peter und Paul ein gut erhaltenes und anschauliches Panorama der mitteleuropäischen Klosterarchitektur während des Frühmittelalters. Etliche Architekturelemente aus der karolingischen Zeit sind dort erhalten geblieben.

Als Abt Heito I. nach seiner Byzanzreise den Bau der 816 geweihten Mittelzeller Abteikirche beschloß, ließ er sich von der Bauweise byzantinischer Kirchen inspirieren. Zwei Baustile sind im Mittelzeller Münster, dem ältesten Reichenauer Gotteshaus, trotz zahlreicher Eingriffe und Veränderungen über die Jahrhunderte noch klar erkennbar. Um 1048 war der Bau über den Grundmauern der Kirche Pirmins abgeschlossen. Ein barockes Gemälde im nördlichen Seitenschiff vermittelt eine Vorstellung vom Aussehen der Abtei mit den ehemaligen Klosterbauten, die niedergerissen wurden. Vierung und Querhaus im Osten sind die ältesten Bestandteile, die aus der Kreuzbasilika Heitos I. stammen. Nach byzantinischem Vorbild ist die majestätische Vierung durch Bögen an allen Seiten von Räumen gleichen Querschnitts getrennt. Man nennt sie aus diesem Grund »ausgeschiedene« Vierung. Erst die Romanik wird den gesamten Kirchenraum durch Wandvorlagen und Gewölbeeinheiten gliedern.

Unter Abt Friedrich von Wartenberg (1427–1453) begannen die Arbeiten am gotischen Chor, der Heitos Doppelapsis und die Heiligkreuzkapelle (946) verdrängte. Während sich im Westen der schlichte Markuschor erhebt, befinden sich an der Südwand die Grabmale früherer Äbte. Im Zuge umfangreicher Restaurierungsarbeiten, die im Jahre 1970 abgeschlossen wurden, legte man den offenen »normannischen Dachstuhl« wieder frei. Er gleicht einem umgedrehten Schiff, das 1236/37 aus Eichenholz zusammengefügt wurde. Das ursprüngliche Holz konnte zu 86 Prozent bewahrt werden.

Wesentliche Beiträge der Barockzeit sind das 1746 verfertigte Chorgitter, das den Mönchschor von der Volkskirche abtrennte, und der Heiligblutaltar (1739). Dort befindet sich der Tabernakel für das Allerheiligste, darüber enthält eine barocke Monstranz die Heiligblutreliquie. Es handelt sich um ein byzantinisches Abtskreuz, in dem angeblich kleine Späne vom Kreuz Christi und blutbefleckte Seidenläppchen vom Berg Golgotha aufbewahrt werden.

Vermutlich kam es um 925 auf die Bodenseeinsel und wurde in eine 946 fertiggestellte, im 15. Jahrhundert beim Bau des Chores abgebrochene Rundkirche an der Doppelapsis des Ostchores gebracht. Während des Dreißigjährigen Krieges schaffte ein Mönch die Reliquie 1630 sicherheitshalber in das Zisterziensinnenkloster Günterstal bei Freiburg im Breisgau. Sie wurde am 26. Mai 1738 in einer feierlichen Prozession wieder an den angestammten Platz zurückgetragen. Wie die Reliquie der Legende nach ihren Weg zurück auf die Reichenau gefunden hat, wird auf einigen der Tafelbilder im gotischen Chor dargestellt.

Während der Renaissance entstanden um 1558 mehrere Wandgemälde, so an der Südwand *Wort und Sakrament* und an der Nordwand *Das Opfer des Neuen Bundes, vergegenwärtigt in der Heiligen Messe, und die alttestamentlichen Vorbilder.* Rudolf Stahel (1473–1527/28) schuf den

Historische Darstellung des Mittelzeller Münsters aus der Barockzeit

Das Markus- und Marienmünster in Mittelzell, ältestes Gotteshaus auf der Reichenau

Hochaltar. Seine Darstellung zeigt die Krönung Marias und mehrerer Heiliger, die auch in der Bodenseegegend gewirkt haben.

In der Mitte des Chores erinnert die neue Grabplatte an Kaiser Karl III., der nach seinem Tod im Jahre 888 im Münster beigesetzt wurde. Am Eingang zur Schatzkammer befand sich einstmals der im 10. Jahrhundert auf die Reichenau gebrachte *Krug von der Hochzeit zu Kana.* Er steht heute in der Schatzkammer. Auf einem Wandgemälde sind im oberen Teil Jesus, der Krug und seine Jünger dargestellt, in der Nische erscheinen Jesus und Maria als Bild der Kirche. Als bedeutendstes Einzelstück der Innenausstattung besitzt das Münster die um 1300 verfertigte Standfigur der Schutzpatronin in einem oberrheinischen Stilzusammenhang mit Einflüssen aus Frankreich. Aus Lindenholz schuf Hans Ulrich Glöckler 1596 die Steinigung des Johannes. Als gotischer Bau aus der Mitte des 15. Jahrhunderts beherbergt die Schatzkammer die Originalschreine für die Reliquien. Nur noch ein Evangelistar aus der Mitte des 9. Jahrhunderts kann dort bewundert werden, die eingeklebte Miniatur ist 200 Jahre jünger. Reichenauer Kunstschätze zieren heute Museen in Trier, München, Aachen und Solothurn.

Parallel zur Renovation fanden im Münster, das wie kein zweites Gotteshaus auf der Insel die lange Geschichte des Klosters widerspiegelt, Grabungen und Bauuntersuchungen statt. Zwar konnte durch die Sanierungs- und Restaurierungsarbeiten das Erscheinungsbild der Romanik weitgehend zurückgewonnen werden, doch wurde das Münster dabei modern überformt. Ein großer Teil der im 19. Jahrhundert hinzugefügten Substanz, die an mittelalterliche Formen anknüpfte, mußte bei der Restauration weichen.

Als jüngste Reichenauer Kirche entstand St. Georg (Oberzell) um 890. Massive Stützpfeiler verleihen den Außenmauern der Stiftskirche seit über einem Jahrtausend Stabilität. Da für die Mauern des Gotteshauses, das Hatto III. an der Ostspitze errichten ließ, nur wenige Fundamente geschaffen wurden, diente die Vorrichtung als Schutz vor Erdbeben. Von den Wandfresken der Krypta, in der wahrscheinlich die Reliquien aufbewahrt wurden, blieb nur ein kleiner Rest übrig.

Das barocke Chorgitter des Münsters, das sich mit dem Heiligblutaltar im Ostquerhaus befindet, trennte die Mönchskirche von der Volkskirche

Die zwischen 1982 und 1988 umfassend restaurierten ottonischen Wandgemälde, die während des 10. Jahrhunderts im Langhaus entstanden, zählen zu den berühmtesten Schöpfungen der Reichenau. Während in den Bogenzwickeln über den Säulen Äbte mit Büchern in ihren Händen dargestellt wurden, umgab man den Heilbringer mit perspektivisch wirkenden Mäanderfriesen. Die zwischen den Kirchenfenstern geschaffenen Apostelbilder stammen aus späterer Zeit. Das Weltgericht in der Westapsis hat der Konstanzer Maler Mohr 1708 hinzugefügt.

Je vier auf Süd- und Nordwand geschaffene und seitlich durch vertikale Ornamentleisten gerahmte Evangelienszenen, die Ende des 10. Jahrhunderts entstanden sind, schildern die Wundertaten Christi, unter anderem die Heilung des Besessenen von Gerasa, die Auferwekkung des Lazarus und die Heilung eines Wassersüchtigen. Dabei tritt der Erlöser stets von links in das Bild. Diese Wandgemälde dienten einst als Perikopen, womit die Evangelien der Messe illustriert wurden. Die um 1080 entstandene Darstellung der Wiederkunft Christi schließlich zeigt den Erlöser auf dem Regenbogen in der Mandorla. Während rechts Maria als Fürbitterin erscheint, hält links ein Engel ein Astkreuz. Über den auf beiden Seiten stehenden Aposteln schweben Engel mit Posaunen. Der untere, kaum noch wahrnehmbare Bildbereich zeigt Auferstehende.

Während der Restaurationsarbeiten konnten übermalte Teile und Verschmutzungen aus jüngerer Zeit beseitigt werden. Damit erhielt der einzigartige Bilderzyklus in starkem Maß sein ursprüngliches Aussehen zurück. Die auf das 14. Jahrhundert zurückreichenden Übermalungen blieben unangetastet. Sie dokumentieren geschichtliche Entwicklungen, die beim Betrachten dieser Denkmäler abgelesen werden können.

Aus dem 14. Jahrhundert stammt die moralisierende Darstellung der Schwatzhaftigkeit, die dem weiblichen Geschlecht angelastet wird: In gotischen Buchstaben schreibt im Wandgemälde an der »Frauenseite« ein Teufel einen Sechszeiler sprichwörtlich auf die Kuhhaut.

Auf einer kleinen Halbinsel im See gründete Egino, der als Reichenauer Mönch Bischof von

St. Georg in Oberzell

Verona geworden war, die Niederzeller Peter-und-Pauls-Basilika. Sie wurde um 799 geweiht. Während die östlichen Teile vermutlich auf die karolingische Zeit zurückgehen, entstand das Langhaus um 1100. Fragmente einer Chorschranke, die auf das Ende des 8. Jahrhunderts zurückdatiert werden können, zeigen deutlich Spuren lombardischer Steinmetze. Nach zwei Feuersbrünsten hatte man den Vorgängerbau mit Konventsgebäude abgerissen und eine dreischiffige Säulenbasilika mit drei rechtwinklig ummauerten Absiden erstellt. Über den zwei Seitenabsiden erheben sich Türme: St. Peter und Paul fällt durch eine der seltenen Ostturmfassaden auf. Im Dachraum befindet sich noch Holzwerk romanischer Herkunft. Während des Spätmittelalters baute man eine zweigeschossige Vorhalle an und errichtete Lettner sowie Kreuzaltar. Westfassade und Kirchenschiff erhielten im Barockzeitalter einen farbigen Anstrich. Um 1756 fügte Dominik Wurz den Rokokostuck hinzu, die neubarocke Deckenmalerei ist ein Zusatz des frühen 20. Jahrhunderts. Das zentrale Wandgemälde des Gotteshauses bildet die im 12. Jahrhundert geschaffene Darstellung Christi als überlebensgroßer Pantokrator in der Mandorla, von Petrus und Paulus umgeben. Darunter erkennt man die Apostel und Propheten. Erst um 1900 wiederentdeckt, gilt dieses Gemälde als letzte große Leistung der Reichenauer Malerschule. Bis 1980 wurden die Wandmalereien im Vorchor-Joch, an den Ostwänden des Seitenschiffs und in der Eginokapelle umfassend restauriert. Zu den herausragenden Leistungen in der Basilika gehört der Passionszyklus in der Seitenkapelle.

Die drei Reichenauer Kirchen mit ihren Gemälden dokumentieren als sichtbare Zeugen ein goldenes Zeitalter, auf das eine lange Phase des Abschwungs folgte. Seit dem 12. Jahrhundert forderte der Adel, die Abtei einzig und allein für die Erziehung ihrer Söhne zu reservieren. Diese Zugangsbeschränkung hatte fatale Folgen, denn die Zahl der Mönche ging fortwährend zurück. Lebten Mitte des 10. Jahrhunderts etwa 100 Brüder auf der Reichenau, blieben 1411, als Friedrich von Zollern das Amt des Abts bekleidete, gerade noch zwei Mönche übrig. Dann fiel die Reichenau erstmals 1510 an das Bistum Konstanz, befand sich anschließend einige Zeit unter habsburgischer Zwangsherrschaft, bevor Markus von Knöringen als letzter Reichsabt das Kloster leitete. Er trat den Konvent gegen ein Entgeld definitiv an den Konstanzer Bischof ab. Und damit verlor Kloster Reichenau, seit der Gründung reichsunmittelbar und damit nur dem Kaiser veranwortlich, seine Unabhängigkeit.

Nach der Rückkehr der Heiligblutreliquie hofften die Brüder nochmals auf einen Aufschwung. Alle Versuche, die einstigen Rechte zurückzuerlangen, mündeten jedoch lediglich in einen Streit mit dem Konstanzer Fürstbischof, der schließlich mit einem päpstlichen Breve die Angelegenheit für sich entscheiden konnte. Widerspenstige Mönche wurden durch einen militärischen Schlag zum Schweigen gebracht und kurzerhand ausquartiert. Bis 1799 hatte das einst strahlende Benediktinerkloster den Rang einer »Missionskolonie«. Mit der Säkularisierung 1803 durch den späteren Großherzog von Baden war das Schicksal des Klosters endgültig besiegelt. Das Münster wurde fortan Pfarrkirche der Gemeinde Mittelzell. Seither ziert der noch vorhandene Bestand der Klosterbibliothek die Badische Landesbibliothek in Karlsruhe.

Im nächsten Schritt wurde der enteignete klösterliche Grundbesitz geteilt und zum Verkauf angeboten. Kirchen und Gebäude verschwanden von der Bildfläche. St. Johann, einst Pfarr- und Begräbniskirche für die Laiengemeinde aus dem 10. Jahrhundert, sowie St. Adalbert wurden abgerissen, 1838 ereilte die Kirche St. Pelagius, eines der ursprünglich 25 Gotteshäuser auf der Bodenseeinsel, das gleiche Schicksal. Von der ehemaligen Pfalz, die zwischen 1822 und 1825 abgetragen wurde, blieb vermutlich nur der Brunnen. Bis in die fünfziger Jahre des vorigen Jahrhunderts hinein diente das ehemalige Kloster als Sitz des Münsterpfarrers in einem Teil und im anderen Teil als Schule und Lehrerwohnung.

Als Schutzanlage errichtet, blieben von Burg Schopfeln in der Nähe des Inseldammes nur Ruinen. Während das einstmals als Herberge für hohe Gäste dienende Schloß Bürgle, im 17. Jahrhundert stark verändert, heute ein Ferienheim ist, beherbergt Schloß Königseck, das nach dem Geschmack des 19. Jahrhunderts umgestaltet wurde, eine Schule. Auf dem Festland an der Abzweigung zur Straße Richtung Konstanz liegt die Kindlebild-Kapelle mit ihrem Friedhof, auf dem einst die vor der Taufe gestorbenen Neugeborenen der »Klosterleute«, wie die Reichenauer Laiengemeinde hieß, zur letzten Ruhe gebettet wurden. Seit den dreißiger Jahren des 19. Jahrhunderts schüttete man vom Festland zur Insel allmählich einen Damm auf, verband jedoch das letzte Stück bis zum Ufer der Reichenau mit einer Brücke. Und so blieb der Inselstatus der Reichenau erhalten.

Während des 19. Jahrhunderts, als Schriftsteller und Maler die Abgeschiedenheit der Bodenseeinsel zunehmend schätzen lernten, betrieben die Reichenauer vor allem Weinbau. Als durch die Eisenbahn jedoch bessere Transportmöglichkeiten bestanden, nahm die Nachfrage nach Reichenauer Wein rapide ab. Statt des nie sonderlich hoch angesehenen »Seeweins« aus der Gegend um Konstanz zog man Gewächse aus anderen Teilen Europas vor. Reblausbefall und der harte Winter von 1928/29, bei dem auch die Reichenauer Rebstöcke erfroren, bedeuteten praktisch das Ende dieses landwirtschaftlichen Erwerbszweiges, den die Mönche eingeführt hatten. Aus diesem Grund beschloß man damals die Umstellung auf den Gemüseanbau. Von den Erträgen leben heute etwa 120 landwirtschaftliche Betriebe auf einer Fläche von

Die Heilung des Besessenen von Gerasa

Beruhigung des Sturmes auf dem See Genezareth

Fresken aus dem 10. Jahrhundert in der Kirche St. Georg von Oberzell mit Darstellungen aus dem Leben Jesu

rund 320 Hektar. Nochmals die gleiche Hektarzahl ist mittlerweile unter Naturschutz gestellt. In einigen Fällen hat die Anlage von Gewächshäusern dazu geführt, daß altvertraute Panoramen und Sichtachsen nicht mehr vorhanden sind.

Nur noch zwischen Oberzell, Mittelzell und Unterzell erstrecken sich weite, landwirtschaftlich nicht genutzte Freiflächen. Dort befanden sich einst Sonderkulturen, die für die Versorgung des Klosters angelegt worden waren. Wie in anderen Teilen Europas haben jedoch auch auf der Reichenau Flurbereinigung, die Anlage von Straßen und Neubautätigkeit die Spuren der klösterlichen Eingriffe in die Kulturlandschaft weitgehend getilgt. Zudem hatten die Mönche schon im 11. Jahrhundert so gut wie keine Beiträge mehr zur Landschaftsgestaltung geleistet. Seit der Säkularisierung des Klosters waren auf der Insel nur verhältnismäßig wenige Neubauten entstanden. Daran hat sich auch nach Ende des Zweiten Weltkriegs wenig geändert.

Die Bewohner modernisierten ihre Bauernhöfe zunächst nach den Kriterien der sechziger Jahre. Ihre Ergebnisse können angesichts des historischen Erscheinungsbildes Reichenauer Wohnhäuser nicht immer als geglückt bezeichnet werden. Allerdings entstand vor einigen Jahren eine Reihe von Neubauten, die in ihrer architektonischen Beliebigkeit nicht mehr den geringsten Bezug zur Reichenau aufweisen. An einigen Stellen überschatten diese Bauwerke die jahrhundertealte, durch Fachwerkbauten geprägte Architektur. Die Verstöße gegen den inselspezifischen Baustil mögen zwar das vertraute Erscheinungsbild beeinträchtigen, die typische Siedlungsstruktur der Reichenau hat jedoch keinen Abbruch erlitten. Sie besteht nach wie vor aus verstreut angelegten Gebäuden, die keine wirklichen Ensembles darstellen. So läßt sich die charakteristische sozioökonomische Struktur einer von Mönchen gestalteten Landschaft wenigstens noch erahnen. Strenger gefaßte Bau- und Naturschutzgesetze bilden die Grundlage dafür, daß bei der weiteren Entwicklung der Insel Irrtümer früherer Jahre vermieden werden. Grenzen setzt seit jeher die Natur: Gnadensee, Zellersee und Rheinsee übernehmen die Funktion einer natürlichen Pufferzone.

Neben den erhaltenen sakralen Baudenkmälern bezeugt das Alte Rathaus, wie sich die Gemeinde auf der Bodenseeinsel allmählich entwickelt hat. Seit Beginn des 13. Jahrhunderts findet sich in den Urkunden die Bezeichung »cives« (Bürger) für die Reichenauer. Bald darauf tritt ein »ammann« Konrad als Oberhaupt einer Gemeinde, die sich offenbar eine Verfas-

Das Langhaus von St. Georg in Oberzell mit den berühmtesten Wandmalereien der Reichenauer Schule aus dem 10. Jahrhundert

Wandgemälde im Münster aus der Renaissance

Die Ostapsis von St. Peter und Paul in Niederzell mit dem in der Mandorla thronenden Christus ▷

sung gegeben hat, sein Amt an. An der Mittelzeller Ergat, wie der ehemalige Gemeindeplatz genannt wird, erhebt sich sein ehemaliger Amtssitz mit einem romanischen Triforiumsfenster über dem Portal. Das mit Holzbalken und Fachwerk gestaltete Obergeschoß mit Ratsstube ist um 1500 entstanden. Dort steht auch eine vermutlich 800-jährige Linde, unter der damals Gericht gehalten wurde. Obwohl die Angehörigen der Bürgerwehr heute bei festlichen Anlässen Uniformen tragen, die vorderösterreichischen Vorbildern nachempfunden sind, reichen die Wurzeln der Bürgerwehr Urkunden zufolge bis in das 12. Jahrhundert zurück. Sie war einstmals für die Verteidigung der Insel verantwortlich. Wenn sie sich mit der Bevölkerung an den Prozessionen zum Markustag und zu den hohen Kirchenfesten beteiligt, spürt man, daß die alten Gepflogenheiten und Traditionen des klösterlichen Zeitalters nur wenig von ihrer Lebendigkeit eingebüßt haben. Neben dem Markusfest am 25. April und Maria Himmelfahrt (15. August) wird das Heiligblut-Fest (Montag nach dem Dreifaltigkeitssonntag) als höchster Inselfeiertag betrachtet. Im Anschluß an die Bürgerwehrparade auf dem Münsterplatz findet der Festgottesdienst statt. Danach beginnt die Prozession über die ganze Insel, wobei die Schreine der Heiligen aus der Schatzkammer mitgetragen werden. Dazu legen die Frauen ihre Trachten an, ihre Männer tragen die Uniformen der Bürgerwehr, der Bürgermusik oder des Spielmannszuges.

St. Peter und Paul in Niederzell

Die Königshalle
von Lorsch

Paul Schnitzer

Die Abtei Lorsch und Altenmünster

In der bisher erschienenen, recht umfangreichen Lorsch-Literatur konnte man noch nicht lesen, daß es auch einen sagenhaften Ursprung des Klosters Lorsch gibt. In der Handschrift 4 im Geheimen Hausarchiv in München aus dem 17. Jahrhundert sind für zahlreiche pfälzische Orte deren Ursprung und frühmittelalterliche Geschichte in »mit Fabeleien reichlichst bedachten Aufzeichnungen« belegt, die offensichtlich nur auszugsweise Anfang des 18. Jahrhunderts veröffentlicht wurden.

Über Lorsch wird berichtet, daß der Frankenkönig Pippin »das Gotteshaus und mächtig reich Kloster in Grund und Fundament gelegt« habe. Als er sich im »Nortter Wald« auf Jagd nach Wildschweinen befand, geriet er in größte Not und gelobte, im Falle seiner Rettung ein Gotteshaus zu stiften. Seine Reiterschaft kam ihm zu Hilfe, und in Erfüllung seines Gelöbnisses legte er den Grundstein für das Kloster Lorsch, in den er neben einer Ausgabe des Alten und Neuen Testaments ein Goldstück mit seinem Bildnis einfügte. Soweit die »fabelhafte« Gründung des Klosters Lorsch.

Seine historisch belegte Stiftung ist in der Klosterchronik, dem sogenannten *Lorscher Codex,* überliefert, der heute im Bayerischen Hauptstaatsarchiv in München aufbewahrt wird. Im Jahre 764 übergaben der Graf im Oberrheingau, Kankor, und seine fromme Mutter Williswinda, die Witwe des Grafen Rupert, ihr Landgut Lauresham zur Gründung eines Klosters an Chrodegang, den Erzbischof von Metz und in der Nachfolge des hl. Bonifatius Primas der fränkischen Kirche. Er besiedelte es mit 16 Benediktinermönchen aus Gorze bei Metz und reichte bald den Abtsstab an seinen Bruder Gundeland weiter.

Ein Jahr nach der Gründung wurden gemäß dem Bericht der Chronik die Reliquien des

Blick auf die ehemalige Benediktinerabtei Lorsch

römischen Märtyrers Nazarius in einer eindrucksvollen Prozession in die Abtei übertragen. Mit der Ankunft dieses kostbaren Schatzes begann ihr schneller Aufstieg, und ihre Strahlkraft wirkte weit hinein in das fränkische Reich. Dazu trugen die schon genannten Stifter, die mit dem karolingischen Haus verwandt waren, und andere vornehme Familien bei. Schon bald gingen die Schenkungen von Liegenschaften in Form von Dörfern, Kirchen, Äckern, Wiesen, Weinbergen und Mühlen in die Hunderte. Aber auch Leibeigene wurden dem Kloster übergeben. Von Karl dem Großen erhielt es 772 die Mark Heppenheim, die etwa dem heutigen Kreis Bergstraße entspricht, als Kernbesitz, die Immunität und das Recht der freien Abtswahl.

Der Zustrom von Pilgern zur Kirche und zum Grab des hl. Nazarius sowie die ungünstige Lage auf einer Insel des Flüßchens Weschnitz, die keine Erweiterungsmöglichkeiten bot, bedingten nach wenigen Jahren eine Verlegung des Klosters auf eine etwa 500 Meter westlich gelegene Düne, wo wahrscheinlich bereits die Römer eine Gottheit verehrten und heute noch Überreste des Klosterbaus zu sehen sind. In siebenjähriger Bauzeit entstand ein neuer Klosterkomplex. Wie sehr die Abtei bald nach ihrer Gründung in Ansehen stand, verdeutlicht die Anwesenheit hoher geistlicher und kirchlicher Würdenträger bei der Weihe der Klosterbasilika am 1. September 774. An ihrer Spitze befand sich der nie rastende König Karl, der gerade von seinem siegreichen Feldzug gegen die Langobarden zurückgekehrt war, mit seiner Gemahlin Hildegard, seinen Söhnen und seinem ganzen Hofe. Die Konsekration der Kirche zu Ehren der Apostelfürsten Petrus und Paulus und des hl. Nazarius nahmen die Bischöfe von Mainz, Metz, Passau, Trier und Würzburg vor. Als Kirchweihgeschenk übertrug Karl der Große mit einer in Worms ausgestellten Urkunde das Dorf Oppenheim am Rhein an die Abtei.

Die Königshalle – Ein Kleinod karolingischer Baukunst

Als ein Zeichen der Huldigung an den am Weihnachtsfest des Jahres 800 in Rom zum Kaiser gekrönten Frankenkönig Karl den Großen und zugleich als ein Denkmal der Verbindung des Reichsklosters mit dem Kaisertum sieht Josef Fleckenstein die Königshalle, die als einziges Bauwerk des Klosterbezirks über die Jahrhunderte fast unversehrt erhalten blieb.[1] Der Dichter Werner Bergengruen, der in den zwanziger Jahren mit dem Fahrrad von Gernsheim kommend hier verweilte, meinte: »Es ist, als habe sich mitten in einer urdeutschen Landschaft der Märchenvogel eines fremden, eines versunkenen Landes niedergelassen.«

Halbsäule an der Westfassade der Königshalle

Diese Königshalle gibt lebhaft Zeugnis vom Herrscherwillen Karls des Großen, der seine Zeit bewußt nach seinen Vorstellungen formen und gestalten wollte: Er erstrebte die enge Einheit von Kirche und Staat, die Erhaltung und Vermittlung antiken Geistesgutes, die Verbindung von Germanentum und Christentum und die Versöhnung von Rom und Byzanz. So sind auch in der Lorscher Königshalle antikrömische, einheimisch-germanische und byzantinisch-orientalische Bauelemente zu einer neuen, einmaligen Einheit zusammengeflossen.

Leider haben die Erschütterungen des Schwerlastverkehrs und die Abgase dem Gebäude sehr geschadet. Im Herbst 1976 erfolgten Reinigung und Restaurierung der Außenfassaden. Nachdem im November 1976 die Umgehung der Bundesstraße 460, die unmittelbar an der Königshalle vorbeiführte, fertiggestellt war, wurde zunächst der Schwerlastverkehr umgeleitet. 1982 hat die Stadt Lorsch nach den Plänen des Architekten Paul Rhein aus Lorsch den Raum zwischen dem Alten Rathaus und der Königshalle zu einem Platz – jetzt Benediktinerplatz genannt – umgestaltet, wobei der Grundriß für den Eingangsbereich

[1] Josef Fleckenstein, Erinnerung an Karl den Großen, in: Beiträge zur Geschichte des Klosters Lorsch, hg. vom Heimat- und Kulturverein Lorsch in Verbindung mit der Arbeitsgemeinschaft der Geschichts- und Heimatvereine im Kreis Bergstraße, Heppenheim an der Bergstraße ^{2}1980, S. 63–77.

[2] Kloster Lorsch. Berichtsband zum interdisziplinären Symposium am 12. und 13. November 1991 im Hessischen Landesmuseum Darmstadt. Kunst in Hessen und am Mittelrhein 32 und 33, Schriften der Hessischen Museen, Redaktion Theo Jülich, Darmstadt 1993.

[3] Siehe dazu Beiträge zur Geschichte des Klosters Lorsch (wie Anm. 1).

[4] Das Lorscher Evangeliar, eingeleitet von Wolfgang Braunfels, München 1967.

Karolingische und gotische Fresken im Obergeschoß der Königshalle

Kopf eines jungen Mannes aus Lorsch, um 800 (gefunden 1928). Grauer Sandstein, 22 cm hoch. Hessisches Landesmuseum, Darmstadt

des Klosters durch Plattenbelag markiert worden ist. So wird dieser Platz dem Weltrang dieses Baudenkmals gerecht.

Im Obergeschoß der Königshalle sind Reste karolingischer und gotischer Fresken erhalten. Sie wurden Ende der zwanziger Jahre freigelegt und damals wie auch später mehrmals restauriert und rekonstruiert. Neuerliche Schäden an den Putz- und Malschichten veranlaßten die Verwaltung der Staatlichen Schlösser und Gärten Hessen, umfangreiche und grundlegende Bestandsaufnahmen und naturwissenschaftliche Untersuchungen durchzuführen. Bei einem interdisziplinären Symposium im November 1991 im Hessischen Landesmuseum Darmstadt wurden die bisherigen Ergebnisse vorgestellt und Fragen über die Entstehung und Funktion des Bauwerks erörtert, worüber ein Dokumentationsband[2] vorliegt.

Dennoch bleiben weiterhin mehr Fragen offen, als bisher beantwortet werden konnten. Von der liebgewordenen Vorstellung, daß die Königshalle 774 zur Begrüßung Karls des Großen erbaut wurde, ist wohl Abschied zu nehmen, wenn sie auch nicht völlig abwegig war. Schließlich war es schon in der Antike üblich, siegreiche Feldherren und Kaiser zur Begrüßung mit der Errichtung von Triumphpforten zu ehren, die anschließend in steinerne Denkmäler verwandelt wurden, wie die bis heute erhaltenen Triumphbögen im Rom bezeugen.

Die Königshalle – von den meisten Kunsthistorikern als »Torhalle« bezeichnet, obwohl das Klostertor westlich des Bauwerks stand – trägt auch den Namen »Michaelskapelle«. Er leitet sich von ihrem Patrozinium her und ist mindestens seit dem barocken Umbau unter dem Mainzer Kurfürsten und Erzbischof Lothar Franz von Schönborn in Gebrauch. Aus dieser Zeit (1697) stammt auch der kleine Dachreiter mit einer Glocke, die zu Gottesdiensten läutet. Bis in unsere Zeit fanden solche statt, zuerst im Untergeschoß, dann nach Entfernung der Vermauerung und der Tore, im Obergeschoß. Nach Beendigung der Wiederherstellungsarbeiten soll dieser Brauch fortgeführt werden, um die geistlich-liturgische Bestimmung dieser Stätte zu erhalten.

Grablege der ostfränkisch-deutschen Könige

Welche bedeutende Stellung die Reichsabtei im karolingischen Ostreich einnahm, wird an der Tatsache deutlich, daß sie der Enkel Karls des Großen, Ludwig der Deutsche, zu seiner Grablege bestimmte. Nach seinem Tod in der

Pfalz in Frankfurt am 28. August 876 wurde er in Lorsch beigesetzt. Nach ihm fand sein Sohn Ludwig der Jüngere 882 in der von ihm erbauten »ecclesia varia«, der »Bunten Kirche«, seine Ruhestätte. Auch eine königliche Frau, Kunigunde, die Gemahlin Konrads I., zog als Tote in die Königsgruft ein, und Tassilo, der von Karl dem Großen abgesetzte und in Klosterhaft genommene Bayernherzog, soll in Lorsch gelebt, sein Leben hier vollendet und seine letzte Ruhe gefunden haben. Um 1800 wurde die Königsgruft ausgeraubt, die Sarkophage verwendete man zum Teil sogar als Brunnentröge. Im Kirchenrest wird ein besonders kunstvoll bearbeiteter Steinsarg gezeigt, der einst die Gebeine Ludwigs des Deutschen geborgen haben dürfte.

Die Vorkirche von Südwesten

Ein Zentrum frühmittelalterlicher Kultur und Wissenschaft

Wer sich mit der Kunstgeschichte und der Geschichte des frühen Mittelalters befaßt, begegnet unweigerlich dem Namen Lorsch im Kontext der schon erwähnten karolingischen Königshalle[3], aber auch in Verbindung mit dem berühmten *Lorscher Evangeliar,* das um 810 in der Hofschule Karls des Großen als letztes und schönstes Exemplar einer Reihe karolingischer Codices angefertigt und vom Kaiser der Lorscher Abtei geschenkt wurde. Diese Handschrift, welche die vier Evangelien und prächtige ganzseitige Miniaturen enthält, wird heute an drei verschiedenen Orten aufbewahrt: das Matthäus- und Markusevangelium in Karlsburg (Alba Julia) in Rumänien, das Lukas- und Johannesevangelium in der Vatikanischen Bibliothek, den einen Elfenbeinbuchdeckel besitzt das Victoria and Albert Museum in London, den anderen das Museo Vaticano Christiano in Rom. In der 1965 in Aachen veranstalteten Ausstellung des Europarates ›Karl der Große‹ wurde nach Jahrhunderten der Trennung dieses Evangeliar für die Zeit der Ausstellung zusammen gezeigt. 1967 erschien mit Unterstützung der Stiftung Volkswagenwerk eine Faksimile-Gesamtausgabe.[4]

Der Historiker kennt die ›Annales Laureshamenses‹, die für die Kaiserkrönung Karls des Großen bedeutsame Quelle, die sich heute in der Nationalbibliothek in Wien befindet. Von besonderem Wert ist der schon anfangs erwähnte *Lorscher Codex,* die Chronik und das Urkundenbuch der früheren Abtei mit seinen 3836 Urkunden. Der Codex enthält die Namen von über tausend Orten des deutschen Sprachgebietes, die hier zum ersten Mal urkundlich belegt sind.

Blick auf die innere Nordwand der Vorkirche, im Vordergrund der Sarkophag Ludwigs des Deutschen

Sarkophag vom Seehof mit reliefartigen christlichen Symbolen (Kreuz und Anker) auf der Innenseite, spätrömisch-fränkische Technik

Im September 1989 wurde im Rahmen eines wissenschaftlichen Symposiums das *Lorscher Arzneibuch* vorgestellt. Diese Ende des 8. Jahrhunderts in Lorsch verfaßte Handschrift eines unbekannten Mönches, die heute die Staatliche Bibliothek Bamberg besitzt, weist die Abtei als ein einzigartiges medizinisches Zentrum des frühen Mittelalters aus.[5]

Zu den wenigen auf uns gekommenen althochdeutschen Sprachdenkmälern zählen die *Lorscher Beichte* und der ›*Lorscher Bienensegen*‹[6]; beide sind in Lorscher Handschriften der Vatikanischen Bibliothek erhalten. Die Lorscher Klosterbibliothek besaß nach den noch vorhandenen mittelalterlichen Katalogen einen reichen Bücherbestand. Er gelangte nach der Aufhebung des Klosters 1559 größtenteils nach Heidelberg, wo er zur Grundausstattung für die sogenannte *Palatina* diente. Während des Dreißigjährigen Krieges, nach der Eroberung Heidelbergs, schenkte Feldherr Tilly sie 1622 Papst Gregor XV. So befinden sich von den sonst in alle Welt zerstreuten Lorscher Codices die meisten noch im Vatikan. Bernhard Bischoff konnte insgesamt mehr als 300 erhaltene Handschriften in Bibliotheken des In- und Auslandes nachweisen.[7]

Die Reichsabtei Lorsch spielte auch in der Diplomatie und am Hofe eine bedeutsame Rolle. Seit ihrem Bestehen hielt die Abtei stets zum Reich. Zum Aufgebot des Reichsheeres stellte Lorsch im Jahre 982 ebenso wie Weißenburg fünfzig Reiter, während die weltlichen Kontingente höchstens vierzig betrugen. Die treuen Dienste vergalten die Herrscher, indem sie alte Privilegien erneuerten und durch ihre persönliche Anwesenheit die Abtei ehrten.

Im Schutz des Klosters entwickelte sich auch die bürgerliche Gemeinde Lorsch. Die Siedlung hatte wohl bereits im 10./11. Jahrhundert eine beachtliche Größe aufzuweisen, denn neben der Klosterbasilika zum hl. Nazarius bestand auch eine eigene Pfarrkirche, und im Jahre 1067 verlieh König Heinrich IV. dem Abt für Lorsch das Markt- und Münzrecht. Der wirtschaftliche Radius des Nazariusklosters reichte weit über die eigene Region hinaus. Denn neben dem bereits 956 von Kaiser Otto I. für das nahe Bensheim erteilten Marktprivileg – für den ersten dörflichen Wochen- und Jahrmarkt Süddeutschlands – stand ihm das Marktrecht in Wiesloch, Oppenheim, Weinheim und Brumath im Elsaß zu. Für die beiden letztgenannten Orte hatte das Kloster auch das Münzrecht.[8]

Bei der Aufzählung dieser wissenschaftlichen und wirtschaftlichen Leistungen der Reichsabtei darf nicht übersehen werden, daß in ihr wie in jedem Kloster beständig das Lob Gottes erklang im Vollzug der Liturgie der Gottesdienste und des Chorgebetes. Der Wahlspruch »ora et labora« – »bete und arbeite« – leitete die Mönche zu beidem an: zur Verherrlichung Gottes und zum Wirken mit den Kräften des Geistes und der Hände Arbeit.[9]

Ende der Reichsabtei – Aufhebung des Klosters

Das Kloster Lorsch wurde bei der Herausbildung der mittelalterlichen Territorialstaaten im 12./13. Jahrhundert in Mitleidenschaft gezogen. Dem Kurfürsten und Erzbischof von Mainz gelang es, sich 1232 von Kaiser und Papst die Abtei unterstellen zu lassen. Die Benediktiner mußten – nicht ohne Widerstand – das Kloster verlassen. Nach wenigen Jahren der Anwesenheit von Zisterziensern aus dem mainzischen Kloster Eberbach im Rheingau kamen 1248 Prämonstratenser-Chorherren aus dem Kloster Allerheiligen im Schwarzwald nach Lorsch. Im Streit zwischen Kurmainz und der Pfalz, die aufgrund ihrer Vogteirechte Ansprüche auf Lorsch reklamierte, verpfändete in der sogenannten Mainzer Stiftsfehde Erzbischof Diether von Isenburg 1461 die Bergstraße mit dem Kloster Lorsch an die Pfalz. Das klösterliche Leben erlosch vollends, als durch Kurfürst Ottheinrich (1556–59) die Reformation eingeführt wurde. In den Wirren des Dreißigjährigen Krieges wurde das Kloster 1621 durch spanische Truppen weitgehend zerstört. Nach der

[5] Das ›Lorscher Arzneibuch‹, hg. von Gundolf Keil, Bd. 1 Faksimile, Bd. 2 Übersetzung der Handschrift Msc. Med. 1 der Staatsbibliothek Bamberg von Ulrich Stoll und Gundolf Keil, unter Mitwirkung von Altabt Albert Ohlmeyer, Stuttgart 1989; Das Lorscher Arzneibuch. Klostermedizin in der Karolingerzeit, hg. vom Heimat- und Kulturverein Lorsch, Lorsch 1989; Das Lorscher Arzneibuch und die frühmittelalterliche Medizin. Verhandlungen des medizinhistorischen Symposiums im September 1989 in Lorsch, hg. von Gundolf Keil und Paul Schnitzer, Lorsch 1991.

[6] Der ›Lorscher Bienensegen‹. Ein althochdeutscher Spruch, übertragen und erläutert von Karlheinz Platte, Lorsch 1993.

[7] Bernhard Bischoff, Die Abtei Lorsch im Spiegel ihrer Handschriften, Lorsch ^{2}1989.

[8] Franz Staab, Die Märkte der Abtei Lorsch, in: Geschichtsblätter für den Kreis Bergstraße, Bd. 27, 1994.

[9] Christoph Münch, Musikzeugnisse der Reichsabtei Lorsch, Lorsch 1993.

Elfenbeindeckel mit Madonnendarstellung des Lorscher Evangeliars, um 810 entstanden, vermutlich seit 814 im Kloster Lorsch. Victoria and Albert Museum, London

Wiedereinlösung der Pfandschaft durch Kurmainz 1623–48 und der katholischen Reform hintertrieb der katholische Landesherr aus rein fiskalischen Gründen – die Besitzungen waren noch beträchtlich – die Rückkehr der Prämonstratenser. Von der einst blühenden Stätte klösterlichen Lebens war ein Trümmerhaufen übriggeblieben, den die Einwohner von Lorsch und der Umgebung als Steinbruch benutzten. Beim Bau der Lorscher Pfarrkirche 1625/26 wurden zum Beispiel Bruchsteine aus dem Kloster verwendet, und bis in die jüngste Zeit kommen beim Abriß alter Häuser und Scheunen immer wieder behauene und ornamentierte Steinfragmente zum Vorschein.

Die archäologische und Baudenkmalpflege nahm sich schon im vergangenen Jahrhundert der Überreste der ehemaligen Abtei Lorsch an. Die Königshalle rettete nach dem Übergang von Lorsch an Kurmainz bei der Säkularisation 1803 Landgraf Ludewig, der spätere erste hessische Großherzog, durch persönliches Eingrei-

Blick auf die Grundrißmarkierung von St. Peter zu Altenmünster

Fassadengliederung der Königshalle. Kompositkapitelle zwischen den Torbögen und ionische Kapitelle am Obergeschoß.

fen vor der Zerstörung. Durch die Kurmainzer Behörden war 1797 bereits die Genehmigung erteilt worden, das Gebäude niederzulegen, um mit dem Abbruchmaterial in dem benachbarten Filialort Kleinhausen eine neue Kirche zu erbauen.

Die heute maßgebliche letzte Ausgrabung erfolgte 1927–37 unter Leitung des Bodendenkmalpflegers für die hessische Provinz Starkenurg, Friedrich Behn. Durch sie haben wir eine umfassende Kenntnis der einstigen Klosteranlage. Über dem Boden sind heute nur noch erhalten die Königshalle, drei Joche des Mittelschiffs der sogenannten Vorkirche, die Zehntscheune und ein Teil der Ringmauer. Die Ausdehnung der Klosterkirche ist durch eine Ligusterhecke kenntlich gemacht. Im Klosterpark befinden sich der in Erinnerung an die 1200-Jahr-Feier 1964 errichtete Jubiläumsbrunnen, eine Gedenktafel an der Stelle der Gruftkirche und ein benediktinischer Kräutergarten.

Altenmünster, das Mutterkloster St. Peter

Bei der Aufnahme des Klosters Lorsch in die Liste des Weltkultur- und Naturerbes wurde von der UNESCO ausdrücklich auch Altenmünster, der Ursprungsort der Abtei Lorsch, berücksichtigt. Nach seiner Verlegung von der Weschnitzinsel auf die Düne nach 774 hören wir lange Zeit nichts mehr von dem Mutterkloster. Abt Udalrich erneuerte 1071 die offensichtlich verödete Stätte und besetzte sie mit einem Propst. In einer Bulle Papst Gregors IX. von 1238 wurde das Kloster noch als Bestand aufgeführt. Seine letzte Erwähnung im Mittelalter ist für die Zeit um 1280 überliefert. Lediglich der alte Flurname »Hinter dem alten Münster« bewahrte die Erinnerung.

Im Gefolge der 1200-Jahr-Feier und des gewachsenen Verständnisses für die bedeutende geschichtliche Vergangenheit errichtete der Heimat- und Kulturverein Lorsch 1967 auf dem Weschnitzdamm einen Gedenkstein. Nach wie vor war aber das Gelände in Privatbesitz und wurde landwirtschaftlich genutzt. Im Rahmen einer Flurbereinigung konnte wenigstens ein Teil des früheren Klosterareals der Stadt zugewiesen werden. In Verbindung mit dem Landesamt für Denkmalpflege wurde, finanziert mit Spenden und Zuschüssen, 1984/85 durch den Heimat- und Kulturverein der Grundriß der Kirche durch niedrige Mauerzüge kenntlich gemacht. Der Kreuzgang wurde gepflastert und durch Säulenwacholder (Juniperus virginiana) markiert. Am 29. Juni 1985, dem Fest der Apostel Petrus und Paulus, weihte Albert Ohlmeyer, der Altabt der Benediktinerabtei Neuburg, des einzigen wieder bestehenden Tochterklosters von Lorsch, die Gedenkstätte ein. Seitdem zieht am Dienstag vor Christi Himmelfahrt die traditionelle Flurprozession nach einer Statio vor der Königshalle nach Altenmünster, um dort den Bittgottesdienst zu feiern. Um das Fest der Apostel Petrus und Paulus (29. Juni) begeht die katholische Kirchengemeinde mit einem Sonntagsvorabend-Gottesdienst das Petrus-Patrozinium.

Mit diesen Gottesdiensten in Altenmünster und anderen Feiern auf dem Klostergelände wollen die heutigen Einwohner von Lorsch die historischen Stätten in das örtliche Leben einbeziehen und jahrhundertealte abendländische Traditionen auch in unserer Zeit lebendig halten.

Der romanische Dom zu Speyer – Grablege des salischen Königshauses

◁ Dom zu Sepeyer, Außenansicht

Nordquerarm und nordöstliche Außenansicht des Doms zu Speyer

Bernhard Gallistl

Die Geschichte und das heutige Erscheinungsbild des Speyerer Doms im Überblick

Zwerggalerie an der Südseite

◁◁ Nördliches Seitenschiff

◁ Blick in das Mittelschiff mit Apsis

Schon in römischer Zeit, seit Mitte des 4. Jahrhunderts, ist für Speyer die seelsorgerische Tätigkeit von Bischöfen nachweisbar. Von einem Bistum können wir gleichwohl erst im ausgehenden 6. Jahrhundert sprechen. Hinweise auf die dazugehörige Domkirche finden sich schon in merowingischer Zeit (655), und wir haben weiterhin Anlaß, einen karolingischen Neubau in der Zeit zwischen 782 und 845 anzunehmen. Bereits seit der merowingischen Epoche ist auch das Hauptpatronat Marias und des Erzmärtyrers Stephanus belegt (später wird der heilige Papst Stephan I. als Patron hinzutreten). Im überdimensionalen Zuschnitt, den der 1024 gekrönte Salierkönig Konrad II. der Domkirche seiner Heimat gab, manifestierte er den hohen Anspruch seines Königtums und die Absicht, hier, im Zentrum seiner Familiengüter, nun die Metropole des Reichs zu konstituieren. Eine Überlieferung nennt den 12. Juni 1030 als Tag der Grundsteinlegung und behauptet zudem, Konrad habe am selben Tag auch sein Hauskloster Limburg an der Haardt und das Speyerer Stift St. Johannes gegründet. Zwischen 1025 und 1031 können wir in der Tat den Baubeginn ansetzen. Als Konrad 1039 starb, wurde sein Sarkophag zwischen den Treppen aufgestellt, die vom Mittelschiff in die damals noch vorhandene alte Vorkrypta führten. Um das Grab des Stifters, neben dem man 1043 auch seine Gattin Gisela beisetzte, entstand in der Folge die Grablege der salischen Herrscher und einer Reihe ihrer Nachfolger.

Konrads Sohn Heinrich III. (1039–56) führte die Bauarbeiten am Dom fort und stiftete 1046 für den Hochaltar ein prächtiges Evangeliar, den sogenannten *Codex aureus*, der heute im Escorial aufbewahrt wird. Noch gewichtiger für die kultische Bedeutung Speyers wurde seinerzeit das kostbare goldene Reliquienkreuz, das Heinrich ebenfalls für den Hochaltar (der Gottesmutter geweiht) schenkte. Es ging 1793 verloren. Ob es auch Heinrich III. war, der die Kopfreliquie des heiligen Papstes Stephan I. nach Speyer überführte, ist freilich nicht sicher belegt.

Unter seinem Sohn Heinrich IV. (1056–1106) konnte 1061 die Hauptweihe dieses ersten Baus stattfinden. Etwa zwanzig Jahre später, kurz vor 1082, veranlaßte Heinrich IV. einen tiefgreifenden Umbau. Für diese zweite Bauphase kann man erstmals Baumeister-Persönlichkeiten namentlich nachweisen. Zunächst leitete Bischof Benno von Osnabrück bis zu seinem Tode im Jahre 1088 den Umbau. Als Architekt hatte sich Benno bereits vorher Reputation erworben, als ihm in Hildesheim unter Bischof Azelin (1044–54) der Wiederaufbau des 1046 abgebrannten Domes anvertraut worden war. In Hildesheim fand er damals sicherlich auch Gelegenheit, an der Michaeliskirche die Kunst Bischof Bernwards zu studieren. Nach einigen Jahren des Stillstands beauftragte Heinrich IV. dann 1097 seinen Hofkaplan Otto, den späteren Bischof von Bamberg (gest. 1138), mit der Vollendung des Umbaus. Dieser Umbau unter Heinrich IV. bestimmt im wesentlichen bis heute das Gesicht des Speyerer Domes.

Im Grundriß hatte schon der erste Bau der heutigen Gesamtanlage entsprochen. Während freilich damals das Mittelschiff und die

Querhäuser noch die basilikale Flachdecke aufwiesen, besaßen Krypta und Seitenschiffe schon zu diesem frühen Zeitpunkt Kreuzgrateinwölbungen. Die dem Umbau zugehörigen Teile sind gut an ihren Sandsteinquadern kenntlich, mit denen damals gearbeitet wurde, während man in der ersten Bauphase kleinteiligen Bruchstein verwendet hatte. Der Unterschied ist heute noch besonders am Mauerwerk der Nordseite deutlich.

In der zweiten Bauphase, dem Umbau Heinrichs IV., wurde die Apsis abgebrochen und neu errichtet, wobei sie außen ihre Rundung und die Blendbogengliederung erhielt. Damals wurde auch am ganzen Außenbau die umlaufende Zwerggalerie angebracht. Ferner setzte man die Türme auf, die während des ersten Baues nur bis zur Traufhöhe aufgeführt waren. Gegen 1110 waren die Turmobergeschosse vollendet, womit auch dieser zweite Bau im wesentlichen seinen Abschluß gefunden hatte (etwa hundert Jahre später erhielten die Türme noch eine steinerne Bedachung). Innen wurde damals das Mittelschiff eingewölbt, so daß nun der gesamte Raum eine durchgehende Wölbung aufwies.

Für die Frömmigkeit des mittelalterlichen Speyer war das hochverehrte Bild der thronenden Gottesmutter bedeutungsvoll, dessen Aussehen wir von einem Siegel des Domkapitels kennen. Das Bild fand am Aufgang zum Königschor Aufstellung und wurde um 1330–40 durch eine stehende Muttergottes ersetzt, deren spätere Replik heute am linken Vierungspfeiler angebracht ist. Der zweite Bau, der seit dem Tod Heinrichs IV. im Jahr 1106 trotz kleinerer Veränderungen und Zusätze der gotischen Ära fast unverändert erhalten blieb, erfuhr schließlich im 17. und 18. Jahrhundert seine schmerzlichsten Zerstörungen. Im pfälzischen Erbfolgekrieg wurde er 1689 in Brand gesetzt, so daß das Langhaus vom Westen her über die Hälfte hinaus einstürzte. Die Reihe der jüngeren Gräber wurde damals geplündert. Der Wiederaufbau erfolgte unter Bischof August Graf von Limburg-Styrum (1770–97) nach den Plänen von Franz Ignaz Michael Neumann, dem Sohn des großen Balthasar Neumann. Dabei wurde das baufällig gewordene Westwerk zum Teil abgetragen und zu einem barocken Kuppelbau umgestaltet. Der Innenraum erhielt eine neue, barocke Ausstattung.

Durch französische Revolutionstruppen wurde der Dom 1793/94 abermals verwüstet und geplündert, wobei auch die barocke Innenausstattung wieder verlorenging. Nur mit Mühe und Entschlossenheit gelang es dem Mainzer Bischof Jean Louis Colmar (1802–18), in den Säkularisationsjahren nach der Auflösung des Bistums das Gebäude vor dem beschlossenen Abbruch zu bewahren.

1817 wurde Speyer aufs neue Bischofssitz, wobei die baulichen Entscheidungen nun von München ausgingen. Der ehrgeizige Kunstmäzen König Ludwig I. von Bayern (reg. 1825–48, gest. 1868) ließ den Dom nach seinen romantisch-historistischen Vorstellungen neu gestalten. Zunächst schuf der Maler Johann Schraudolph in den Jahren 1846–53 im Stil der Nazarener Schule im Inneren einen Gemäldefries mit großformatigen Historienbildern. Diese heute nur noch über den Mittelschiffarkaden erhaltenen Malereien haben einen großen Marienzyklus sowie das Leben mehrerer Heiliger, die mit dem Dom in Verbindung stehen, zum Programm. 1854–58 erneuerte der Karlsruher Baumeister Heinrich Hübsch das Westwerk und die Westtürme. Um das mittelalterliche Aussehen schöpferisch neu zu beleben, verwendete er aber seine eigene, neuromanische Formensprache.

Die Restaurierung, die dem Dom schließlich zu seinem heute aktuellen Aussehen verhalf, führte 1957–66 Rudolf Esterer durch. Esterer bemühte sich, soweit möglich, durch Freilegen die salische Architektur zurückzugewinnen.

Durchschreiten wir dieses Gebäude, das so zahlreiche Etappen des Umbaus, der Verwüstung und der Erneuerung durchlebt hat, bietet sich uns heute folgendes Bild: Durch die neuromanische Halle des Westwerks, in deren Nischen das vergangene Jahrhundert die Büsten der sieben Wohltäter des Doms aufgestellt hat, gelangen wir an das mächtige, noch vom Gründungsbau stammende Stufenportal. Im Portal hängt die moderne Bronzetür von Toni Schneider-Manzell, die biblische Szenen, aber auch Bilder zur Domgeschichte in Reliefmanier zeigt.

Das Langhaus stammt in seiner Substanz zum größeren Teil erst aus dem Wiederaufbau von 1772–75. Dennoch ergibt sich nach den Restaurierungsarbeiten in der Totalansicht wieder jener Raumeindruck, den die Bauphase unter Heinrich IV. mit der rhythmischen Gliederung des Mittelschiffes durch sechs Gewölbejoche geschaffen hatte. Freilich wurde im vorigen Jahrhundert die Wandgliederung über den Arkaden für Schraudolphs Ausmalung geglättet, so daß – auch durch den Gemäldefries selbst – heute die Horizontale betonter erscheint. Deutlich lassen sich die Kapitelle aus der Zeit Heinrichs IV. unter den Gurtbögen mit ihren korinthischen Formen von den Würfelkapitellen der dazwischenliegenden Wandpfeiler und der Seitenschiffe unterscheiden, die noch den Zustand der ersten Bauphase

Krypta

'aufkapelle

BEATI MORTUI QUI IN DOMINO
MORIUNTUR. APOC. JOANN. CAP. XIV, 13.
ECCE MATER TUA ET FRATRES TUI
FORIS STANT QUAERENTES TE.

bewahrt haben. Die tellerförmigen Zwischenkapitelle an den Halbsäulenvorlagen sollten zum Ansatz einer Verblendung der Mittelschiffarkaden dienen, die freilich nie durchgeführt worden ist.

Nördliches und südliches Querhaus mit ihren wuchtigen Vierungspfeilern stammen weitgehend noch aus der ersten Bauphase, was besonders anschaulich am Bruchstein der Turmwände ablesbar wird. Die von je einem bunten Pilaster in zwei Hälften geteilten Stirnwände im Norden und Süden hingegen erweisen durch das Quadermauerwerk ihre Herkunft aus der zweiten Bauphase. Die beiden Nischenkapellen hinter Doppelarkaden im Erdgeschoß dieser Querhaus-Stirnwände sind vollständig in die Mauer eingelassen – eine Einmaligkeit, die durch die besondere Größe des Gebäudes und die entsprechenden Mauerstärken möglich war. In der Ostwand jedes Querhauses befindet sich jeweils eine große, halbkreisförmige Altarnische mit ziborienartiger Umrahmung.

Die schweren Bandrippen, die man um 1100 an die Querhausgewölbe anlegte, gehören zu den ersten dieser Art und fanden später auch im Wormser Dom und mancherorts am Oberrhein Verwendung – wie überhaupt der Speyerer Dom als architektonisches Vorbild auf das gesamte Rheingebiet ausstrahlen sollte. Eine achteckige, mit Nischen und Fenstern gegliederte Pendentifkuppel reicht hoch in den Vierungsturm hinauf.

Wie das Querhaus liegt auch die Apsis über der Krypta. Die heutige Apsis stammt aus der Umbauphase Heinrichs IV. In ihrer Gliederung entspricht sie dem Mittelschiff, wobei sich über einem Nischenkranz sehr hohe Blendarkaden erheben.

In der Krypta, zu der wir von den östlichen Enden der Seitenschiffe aus hinabsteigen können, befinden wir uns schließlich im ältesten Teil des Domes. Jede der vier Haupteinteilungen (die den darüberliegenden Jochen entsprechen) wird von dreimal drei quadratischen Kreuzgewölben getragen. Die Speyerer Krypta hat interessanterweise vor allem in Italien ihre Nachahmer gefunden, zum Beispiel in Acqui (Piemont), Verona, Modena, Otranto und Bari. Von der heutigen Vorkrypta führen westlich zwei Treppen nach oben zur Königsgrablege, die erst nach der Grabung von 1900 von hier aus als unterirdische Gruft zugänglich gemacht wurde. Zuvor waren die Gräber von oben zugänglich, wo man sie im Königschor in die Erde eingelassen hatte. Das Grab Konrads II., von dem die Grablege ihren Ausgang nahm, befand sich am Ostende der Mittelschiffachse genau an der Stelle, die der mittelalterliche Kirchenbau auch sonst für den Stifter vorsieht, nämlich zu Füßen des dort gelegenen Kreuzaltars. Dieser war hier unter dem westlichen Vierungsbogen aufgestellt. Vor dem Abbruch der alten Vorkrypta (vor 1090) hatte der Kreuzaltar vermutlich auf der darüberliegenden ›Bühne‹ gestanden.

Um den Kreuzaltar gruppierte sich einst ein bemerkenswertes Ensemble. Wir hören von einem großen Triumphkreuz an dieser Stelle (angeblich wurde es von »Kaiser Otto« gestiftet; hier könnte allerdings ein sprachliches Mißverständnis des Lateinischen vorliegen, da »de Ottone« sowohl »von Otto gestiftet« als auch »von Messing« bedeuten kann) und einem großen von Bischof Reginbald (gest. 1039) gestifteten Radleuchter (›corona magna‹), der über dem Chor hing. Unter dem Kreuz befand sich zunächst ein Bogen, der später durch den Lettner ersetzt wurde. Radleuchter und Triumphkreuz sollten gemeinsam mit der Kreuzrelique Heinrichs III. vermutlich den Hinweis auf das Golgota der Jerusalemer Grabeskirche verstärken, der schon üblicherweise im Kreuzaltar enthalten war. In ganz besonderer Weise also bildet der ›chorus sanctae crucis‹, wie man den Königschor nannte, ein Zitat der hochverehrten Todesstätte Christi, an der man auch die legendären Gräber der biblischen Urkönige Adam und Melchisedek zeigte und wo seit alters her Totenfeiern für vornehme Personen abgehalten wurden. Auf diese Bedeutung der mythischen Königsgrabstätte ist es zurückzuführen, daß sich die lateinischen Könige Jerusalems, wie Gottfried von Bouillon und Balduin I., am Golgota zur Seite des Melchisedekaltars bestatten ließen.[1] Mit dem Verweis auf die bauliche Anlage der Jerusalemer Golgotastätte war ein entsprechender biblisch-kultischer Bezugspunkt auch für die große Königsgrablege von Speyer gegeben.

Erhalten sind noch die beiden an die Querhäuser angebauten Kapellen. Die um 1080 gebaute, zweigeschossige Doppelkapelle St. Emmeram und Katharina im Winkel zum südlichen Seitenschiff – einst in Kreuzgang und Stiftsgebäude integriert – diente wohl ursprünglich als Kapitelsaal. Von der Unterkapelle zur Oberkapelle führt hier heute wieder eine achteckige Öffnung. Am nördlichen Seitenschiff liegt die Afra-Kapelle, die Heinrich IV. nach 1076 für eine Reliquie der Heiligen von Augsburg errichten ließ. In dieser Kapelle, die seinerzeit noch nicht geweiht worden war, fand der Leichnam des gebannten Heinrich IV. seine Aufbewahrung, bis er 1111, nachdem sein Sohn Heinrich V. für den Toten die Loslösung erreicht hatte, im Dom selbst bestattet werden konnte.

Über den Mittelschiffarkaden Gemälde zum Marienzyklus von Johann Schraudolph

Kapitell in der Taufkapelle des Speyerer Doms

[1] Zu den Königsgräbern am Golgota vgl. G. Bandmann, Zur Deutung des Mainzer Kopfes mit der Binde, in: Zeitschrift für Kunstwissenschaft 10, 1956, S. 171.

*Der gotische Dom zu Köln –
lichtdurchflutetes Gehäuse
für den Schrein der
Heiligen Drei Könige*

Detlev Arens

Der Dom zu Köln

Der Gedanke an heutige Kunstraubdebatten ist unhistorisch, aber nicht ohne Reiz: Schließlich waren auch die Gebeine der Heiligen Drei Könige entwendetes Kulturgut. Friedrich Barbarossa bemächtigte sich ihrer, als ihm 1162 endlich die Einnahme Mailands gelungen war. Fürchterlich aufgebracht über den hartnäckigen Widerstand, hatte der Kaiser die lombardische Metropole teilweise zerstören und ihre Bewohner umsiedeln lassen. Verglichen mit diesen Strafmaßnahmen wog der Heiltümer-Verlust nicht besonders schwer, zumal von einer intensiven Dreikönigenverehrung bis dahin keine Rede sein konnte. Friedrich überließ die Reliquien seinem Reichskanzler Rainald von Dassel, seit 1159 auch Erzbischof von Köln.

Rainalds Loyalität ging über das von Amts wegen Selbstverständliche weit hinaus: Er sah im Reich das »sacrum imperium«, für ihn stand die Gottunmittelbarkeit des Kaisers außer Frage. Das trug ihm die erbitterte Feindschaft der Päpste ein; Hadrian IV. nannte den Erzbischof schlicht einen »homo perversus«. Jedenfalls sah ein politischer Kopf wie Rainald gleich, daß sich die geschenkten Heiltümer vorzüglich instrumentalisieren ließen: Laut biblischem Zeugnis hatten die Könige (Matthäus 2 spricht allerdings von »Magiern«) als weltliche Herrscher direkten Kontakt zum Erlöser. Dieser nicht durch irgendeine Geistlichkeit vermittelte Zugang hob sie jetzt in den Rang von Reichsheiligen und ihre Überreste in den von Reichsreliquien.

Heute mag ein historischer Kern der neutestamentlichen Geschichte allgemein bezweifelt werden, von der Existenz dieser Drei Könige ganz zu schweigen: Damals verstand sich von selbst, daß nur ein äußerst kostbares Reliquiar ihre unermeßlich kostbaren Reliquien bergen durfte. Immer noch ruhen die Gebeine im größten erhaltenen Schrein des Mittelalters. Den übrigens ein vierter König (und späterer glückloser Kaiser) nutzte, um sich als Stifter in Szene zu setzen: 1198 schenkte Otto IV. Gold und Edelsteine für den Schrein. Die massiv goldene Vorderseite zeigt ihn zusammen mit den Heiligen bei der Anbetung des Kindes.

Obwohl von seiner Ausstattung einiges verlorenging, bleibt der Dreikönigenschrein ein Kunstwerk allerhöchsten Ranges. Etliche Figuren schuf Nikolaus von Verdun, wohl der bedeutendste Goldschmied des Zeitalters; seine stupende Kunst zeigt sich vor allem in den eindringlichen Prophetendarstellungen an der Längsseite. Von ihm stammt auch der Entwurf des Reliquiars. Der zitiert allerdings nicht die basilikale Form, wie die Ansicht der Stirnseite nahelegt, sondern setzt zwei Basisschreinen einen dritten auf, wie die Rückseite zeigt.

Trotz des hohen Reliquienwerts stehen nicht die Heiligen Drei Könige, sondern der Angebetete im Mittelpunkt des Bildprogramms. Es spannt den großen thematischen Bogen der Welt- als Heilsgeschichte. Sie reicht bis in alttestamentliche Zeiten zurück, und zum triumphalen Abschluß erscheint Christus als Weltenrichter: Deshalb beansprucht dieses Motiv das ›Giebel‹-feld der Vorderseite, also den privilegiertesten Platz der Schreinarchitektur. Auf der Rückseite entspricht ihm an gleicher Stelle die Märtyrerkrönung von Felix und Nabor. Die Gebeine Felix', Nabors und Gregors von Spoleto fanden gleichfalls Aufnahme im Schrein, Rainald hatte sie aus Mailand mit nach Köln geschickt.

Der gotische Dom

Der grandiose Reliquienschrein wurde kurz nach 1180 begonnen und nach langer Arbeit um 1225 vollendet. Wie für die Reliquien ein angemessener Reliquienschrein mußte nun für den Reliquienschrein ein angemessenes Gotteshaus entstehen – gleichsam ein Reliquiar für das Reliquiar. Zwar galt bereits der romanische Dom als prächtig, gar als »Mutter aller Kirchen«, aber für die kostbaren Heiltümer war er eben nicht groß und prächtig genug.

Schon Erzbischof Engelbert (1216–1225) soll sich für den Bau einer neuen Kathedrale eingesetzt haben. Doch erst am 15. August 1248 konnte Erzbischof Konrad von Hochstaden (1238–1261) den Grundstein legen. Dem feierlichen Akt vorausgegangen war der warme Abriß des alten Domchors, der allerdings unplanmäßig verlaufen war: Das Feuer hatte auf die ganze Kathedrale übergegriffen. Es blieb nichts anderes übrig, als den Westteil wiederherzustellen. Noch wurde der vorromanische Bau für den Gottesdienst gebraucht.

Blick über den Rhein auf den Kölner Dom, davor die Hohenzollernbrücke

Mit dem eben fertiggestellten hochgotischen Chor und dem ottonischen Fortsatz bestand die Kölner Bischofskirche 1322 aus zwei Baupartien, wie sie gegensätzlicher kaum vorstellbar sind. Denn keineswegs die behutsame Vermittlung zwischen herkömmlich-romanischer Bauweise und dem neuen Stil war angestrebt worden, eher die Vollendung französischer Kathedralgotik. Deren Elemente hatten einige Kirchen in Deutschland zwar schon früher aufgenommen, aber die konsequente, schöpferische Anverwandlung jener himmelstürmenden Architektur aus dem westlichen Nachbarland zeigt erst der Kölner Dom. Ihn als (neben Straßburgs Münster) jüngsten Vertreter der Gotik halten viele auch für den schönsten.

In zwei Kernpunkten unterschied sich diese Gotik von aller Kirchenarchitektur vor und nach ihr: in der innen kühn akzentuierten, außen allerdings ganz verhehlten Skelettbauweise und in der Bedeutung des Lichts. Die eine wurde durch die andere erst konstruktiv ermöglicht: Weil nun Pfeiler, Dienste, Rippen und Strebewerk statt der Mauern die (Haupt-)Last bewältigten, konnten die bisher tragenden Wände stets weiter reduziert werden. Immer größere Fensterflächen gaben jetzt dem Licht Raum. Allerdings nicht dem nüchternen Tageslicht, sondern einem, das die Glasmalerei verklärte – oder zumindest in den herrlichsten Farben erstrahlen ließ.

Die frühen Kölner Baumeister, vom mutmaßlichen Gesamtplanschöpfer Gerhard über Meister Arnold bis zu dessen Sohn Johannes, müssen Kenntnisse über die fortgeschrittensten Kirchenbauten der Ile de France und des nördlichen Frankreich besessen haben, denn ihr Werk orientiert sich keineswegs ausschließlich an einem Vorbild. Und schon ein Grundrißvergleich mit dem nächstverwandten Kathedralchor von Amiens macht deutlich, daß Gerhard die konsequente Weiterentwicklung des Schemas anstrebte: Die gedachte Halbkreislinie um den Kapellenkranz steht für die Tendenz zur Vereinheitlichung, zur Läuterung des Formenkanons, der so konsequent nirgendwo anders ins Werk gesetzt wurde. Der Kölner Dom besticht durch Ausgewogenheit und Eleganz im Erscheinungsbild, das eine Summe der bisherigen Auseinandersetzungen mit dem Kathedralentypus zieht.

Die Verehrung der Dreikönigenreliquien nahm mit dem Neubau einen noch gewaltigeren Aufschwung, sie wurde sicher Anfang des 14. Jahrhunderts zur wirtschaftlichen Größe. An der Popularität dieser Heiligen hat nicht nur Köln teil. Zwischen Stockholm und Palermo machen die Drei Könige große Karriere als Schutzpatrone der Reisenden. Zu Mailand zieht selbst ihr leerer Sarkophag große Pilgerströme an. Die lombardische Stadt fordert die Gebeine von Köln zurück, aber vergeblich.

Währenddessen erlahmt der Schwung im Zentrum der Verehrung: Schon die recht lange Bauzeit des Kölner Domchors (1248–1322) erklärt sich auch mit Verzögerungen in der letzten Phase. Zunächst beginnt freilich die Arbeit an den beiden südlichen Langhausseitenschiffen, doch das ist nur ein Vorspiel für den gewaltigsten Kraftakt: die Doppelturmfassade im Westen. Ihre ungeheuren Dimensionen läßt schon der Südturm ahnen. Nach 1357 begonnen, wird er immerhin auf eine Höhe von 66 m gedeihen.

Deutlich läßt das Tempo des Baufortgangs dann im 15. Jahrhundert nach. Etwa 1410 werden die Bauleute vom Südturm abgezogen, um zunächst die nördlichen Seitenschiffe hochzuführen. Noch heute überrascht, wie genau die jetzt in Angriff genommene Nordwand die hochgotischen Formen des südlichen Pendants wiederholt. Der Nordturm erreicht mit seiner Ostwand 22 m Höhe, wird sonst aber über den kläglichen Sechsmeterstumpf nicht hinauskommen.

1560 verfügt das Domkapitel die Einstellung aller Arbeiten; sein Beschluß soll fast 300 Jahre Bestand haben. Der Baukran über dem Südturm wird nun zum Wahrzeichen Kölns. Wenn der Wind durch ihn fährt, ist sein Ächzen in der ganzen Stadt zu hören …

Der neogotische Dom

Lange liegt die Kathedrale im Dornröschenschlaf. Langsam verfällt sie, schließlich dient sie den Truppen Napoleons als Magazin und Gefangenenlager. Nichtsdestoweniger bleibt der Dom ein Bau, der ganz unterschiedliche Geister tief beeindruckt. Ein Republikaner wie Georg Forster besucht »diesen herrlichen Tempel, um die Schauer des Erhabenen zu fühlen« (1790), Goethe nennt ihn »das tüchtigste, großartigste Werk, das vielleicht je mit folgerechtem Kunstverstand auf Erden gegründet worden« (1821). Und der Publizist Joseph Görres verknüpft 1814 das »Schicksal« des Gotteshauses mit dem einer ganzen Nation: »In seiner trümmerhaften Unvollendung, in seiner Verlassenheit, ist er ein Bild gewesen von Teutschland seit der Sprach- und Gedankenverwirrung; so werde er denn auch ein Symbol des neuen Reiches, das wir bauen wollen.«

Görres' vaterländisches Pathos fand ein vielstimmiges Echo. Seinen Zeitgenossen galt ohnehin als ausgemacht, daß die Gotik der deutsche Stil schlechthin war; ein Mißverständnis,

Chorraum
mit Dreikönigenschrein

Blick in das
Mittelschiff

Blick auf die
Bündelpfeiler
ihre Verstrebu
im Gewölbe ▷

Stefan Lochner, Dreikönigs-altar, sogenanntes Dombild, um 1440

dessen Wurzeln bis in die Renaissance reichen. Nur war ›gotisch‹ damals ein Schimpfwort. Jetzt, nach der Rehabilitation des Stils und dem Sieg über Napoleon, bereicherte es den Tugendkatalog des Volkes. Preußens König Friedrich Wilhelm IV. griff mächtig in die Klaviatur der nationalen Erweckung, als er 1842 den Grundstein zur Domvollendung legte: »Der Geist, der diese Tore baut, ist derselbe, der vor neunundzwanzig Jahren unsere Ketten brach […], und es ist der Geist deutscher Einigkeit und Kraft. Ihm mögen die Kölner Dompforten Tore des herrlichsten Triumphes werden.«

Es berührt im nachhinein eigenartig, wie glatt auch die Dombaugegner dieser Mär einer urdeutschen Gotik aufsaßen. Selbst der frankophile Heinrich Heine ließ sich die geradezu subversive Pointe entgehen, daß der Dom ein Fanal französischer Kathedralarchitektur auf deutschem Boden setzte. An patriotisch exponierter Stelle, fast wie »des Stromes Hüter« (Max Schneckenburger), erhob sich zu Köln ein Abgesandter des Erbfeinds und warf seinen Schatten über den »freien deutschen Rhein« (Nikolaus Becker).

Nun schafft deutsche Ideologie allein noch keinen Dom, die Tatkraft, der unermüdliche Einsatz eines Sulpiz Boisserée müssen schon hinzukommen. Sein Kupferstichwerk über die Kathedrale gab den Anschauungsunterricht, der viele für den Bau gewann. Überdies hielten die Kölner wieder den mittelalterlichen Plan der Westfassade in Händen, das Faustpfand für ein möglichst authentisches Erscheinungsbild. Die Franzosen hatten ihn 1794 mitgehen lassen, 1814 fand sich die eine Hälfte auf dem Speicher des Darmstädter Gasthofs ›Zur Traube‹, die andere erwarb Boisserée zwei Jahre später von einem Pariser Kunsthändler.

Aber natürlich blieb manches dem Genie des Dombaumeisters Ernst Friedrich Zwirner (1802–1861) überlassen. 1833 hatte ihn sein Lehrer, der preußische Baudirektor Friedrich Schinkel, nach Köln geschickt. Dort arbeitete Zwirner die Pläne aus, nach denen die Kathedrale vollendet wurde. Auch seine Architektur ist von stupender Qualität. Daß die Neogotik den Kirchenbau des 19. Jahrhunderts derart beherrschte, ist wesentlich auf den Zwirnerschen Dom zurückzuführen; ganz abgesehen davon, daß er die Errichtung so manchen Gotteshauses unmittelbar initiierte.

Als die Dom-Vollendung dann 1880 wirklich gefeiert werden konnte, war vom Enthusiasmus der Gründerjahre nur noch wenig zu spüren. Sicher, Preußen und Bayern hatten einträchtig für

Gipsmodelle in der Modellkammer des Nordturms

die Kathedrale viel Geld gespendet, die Bürger in zahlreichen Dombauvereinen einen wesentlichen Beitrag zur Finanzierung erbracht. Und noch immer hätte die Kirche – samt dem technischen Wunderwerk ihres eisernen Dachstuhls aus der Rüstungsschmiede Krupp – ein Sinnbild der Reichseinheit sein können. Aber es war nicht das Reich »aller Deutschen«, geschweige denn »aller Bekenntnisse«. Durch Kriege erzwungen und von oben dekretiert, lastete auf dieser Einheit auch noch Bismarcks Kulturkampf, der den Kölner Erzbischof Paulus Melchers 1875 ins Exil getrieben hatte. So standen Preußens Gloria und Kaiser Wilhelm I. im Mittelpunkt der Feierlichkeiten. Noch Kölns Literaturnobelpreisträger Heinrich Böll sollte verächtlich vom »Hohenzollernbau« sprechen.

Zur Domausstattung

Daß der Kölner Dom Gotik in Vollendung präsentiert, liegt nicht zuletzt an seinen Fenstern. Viele sind großartige Beispiele der Glasmalerei ihrer Zeit, selbst die lange mißachteten fünf Bayernfenster an der Südseite (1848 eingesetzt). König Ludwig I. von Bayern stiftete die-

Dämon, Miserikordie am Chorgestühl

Dreikönigenschrein, Detail der Giebelseite

Gerokreuz, um 975, älteste überlebensgroße Plastik des mittelalterlichen Abendlandes

se monumental angelegte Bilderfolge, ungewöhnlich ausdrucksstarke Zeugnisse der im 19. Jahrhundert neubelebten Kunst. Ihre nördlichen Pendants stammen aus der spätesten Gotik bzw. der Renaissance (geschaffen zwischen 1507 und 1509), die Vorlagen dazu haben namhafte Kölner Meister (Meister der Hl. Sippe, Meister von St. Severin) geschaffen. Nicht weniger als die Komposition beeindruckt die Umsetzung ins heikle Material. Das gilt für die virtuos beherrschten Techniken ebenso wie für das satte Kolorit der Farben.

Die höchste Steigerungsform aber ziehen die 1311 vollendeten Werke im Chorobergaden auf sich: größter, vollständig erhaltener Glasmalerei-Zyklus des Mittelalters. Auf 850 Quadratmetern erglühen in den 15 Fenstern die Leitfarben Rot und Blau, den Sonneneinfall vorausgesetzt. Das Achsenfenster zeigt natürlich die Heiligen Drei Könige und ihre Huldigung vor Maria und dem Kind. Zu ihnen treten 48 biblische Gestalten (mutmaßlich die 24 Ältesten der Apokalypse und die 24 Könige von Juda), so daß mit 51 die Mitgliederzahl des Domkapitels erreicht wird.

Das älteste Fenster besitzt jedoch die Achsenkapelle des Chors. Es wurde um 1260/61 eingesetzt und war zunächst das einzig farbige des Neubaus. Stilistisch weist das Glasbild noch in die Romanik zurück, inhaltlich variiert es das oft aufgegriffene Thema ›Wurzel Jesse‹. Es hat ein interessantes Pendant in dem 20 Jahre jüngeren Bibelfenster der Stephanuskapelle. Die-

Blick vom Triforium
in die Vierung

Gotische Lichtarchitektur ▷
in Vollendung – Blick in
das Gewölbefiligran des Chor-
umgangs

Blick in das Gewölbe über dem Uhrboden des Südturms

ses erste gotische Fenster der Kirche ist eine Stiftung des berühmten Albertus Magnus und des Erzbischofs Siegfried von Westerburg – jedoch ursprünglich nicht für den Dom, sondern für die Kölner Dominikanerkirche Zum Heiligen Kreuz. Erst 1892 fand es an seinen heutigen Platz. Auch aus seiner Wurzel wächst ein (gedachter) Stamm, an dessen Ästen Medaillons mit Szenen aus dem Neuen Testament und den entsprechenden ›Vorgeschichten‹ aus dem Alten sich gegenüberhängen.

Nicht nur mit seiner Architektur und den Fenstern bewahrt der Chor die verbürgte Ansicht aus der Entstehungszeit. Schon früh, nämlich zwischen 1270 und 1290, entstanden die Chorpfeilerfiguren. Einmal mehr stellen die höchst qualitätvollen Skulpturen aus Tuffstein die enge Verbindung der Kölner Dombauhütte zu Frankreich unter Beweis, sie sind an der Reimser Kathedralplastik geschult. Die zwölf Apostel nebst Christus und Gottesmutter zeigen in Haltung und Ausdruck vornehme »Höfischkeit«, besondere Anmut zeichnet die Gottesmutter aus. Künstlerisch eng verwandt mit diesen Bildwerken sind die bronzene, etwas ältere Liegefigur auf der Tumba Konrads von Hochstaden und die wenig jüngere Plastik der sogenannten Mailänder Madonna.

Das Chorgestühl mit seinen 104 Sitzen wurde zwischen 1308–1311 geschaffen, als größtes in Deutschland trägt es der Kirche einen weiteren Superlativ ein. Sein meisterhaft geschnitztes, außerordentlich reiches Zierwerk zeigt neben frommen Sujets ebenfalls sehr weltliche, die sich durch große Lebendigkeit der Darstellung auszeichnen. Noch stärker mitgenommen als diese Schnitzwerke sind die Bilder auf den Chorschranken (1332–1340) hinter den Bankreihen. Nichtsdestoweniger gelten sie als bedeutendstes Beispiel der deutschen Monumentalmalerei im 14. Jahrhundert.

Wie so manches andere hatten auch die beiden wertvollsten Altäre ihren originären Platz nicht im Dom. Aus der Franziskanerinnenklosterkirche St. Clara kommt der Clarenaltar. Dieser größte in Deutschland erhaltene Flügelaltar des 14. Jahrhunderts entstand in seinen älteren Teilen um 1360 und in seinen jüngeren um 1400. Die Außenseiten der Flügel zeigen auf den frühesten hierzulande bekannten Leinwandbildern zwölf franziskanische Heilige. Der meistgerühmte Altar des Domes stammt jedoch aus der Kölner Ratskapelle; hier besichtigte ihn Albrecht Dürer im Oktober 1520. Die Tagebuchnotiz des Meisters ermöglichte es, das außerordentliche Werk Stephan Lochner zuzuschreiben. Sein Name bezeichnet den Höhepunkt der Kölner Tafelmalerei und der Dreikönigenaltar den Höhepunkt seines Schaffens. Die Mitteltafel gibt die Anbetung der Heiligen Drei Könige, in ihrem Zentrum steht der Marienthron. Neben diesen dreien sind die Innenseiten der Flügel mit Gereon und Ursula zwei weiteren (Stadt-)Kölner Schutzpatronen gewidmet.

Das älteste Ausstattungsstück stammt wieder aus dem Dom, wenngleich nicht aus dem gotischen, sondern aus seinem Vorgängerbau. Geschnitzt um 975, trägt es den Namen seines erzbischöflichen Stifters Gero (969–976). Der überlebensgroße Kruzifixus mit dem sorgfältig modellierten Körper und dem leidensgezeichneten Antlitz blieb 1248 beim Brand der Kirche verschont. Christus ist hier im Augenblick des Todes festgehalten, jenem Moment also, der die Menschheit der göttlichen Gnade teilhaftig werden läßt. Das Gerokreuz entstand in Köln als erste monumentale Plastik seit der Antike. Daß es die Christusdarstellungen der ganzen Romanik beeinflußt hat, verwundert bei der Ausdruckskraft dieser Erlöserfigur nicht.

Strebewerk am südlichen Langhaus

Der Dom als Baustelle

Der Zahn der Zeit nagt stetig – allen Lobeshymnen, auch der Monumentalität des Bauwerks selbst zum Trotz. Dabei sind bis heute nicht einmal die Schäden aus dem Zweiten Weltkrieg völlig beseitigt, und die Luftverschmutzung beschleunigt den dauernden Verfall. Die Erhaltung der Kathedrale wird demnach immer ins Geld gehen. Gott sei Dank hängen auch die Hüter knapper Kassen am Leben. Für sie ist ein geflügeltes Wort der Kölner Droh- und Trostspruch zugleich: »Wenn der Dom fertig ist, geht die Welt unter.«

Residenz und Maison de plaisance –
die Schlösser Augustusburg
und Falkenlust in Brühl

◁ Treppenhaus

Speise- oder Musiksaal

Gelbes Appartement. Blick aus dem Schlafzimmer durch die Enfilade

Deckengemälde von Carlo Carlone im Speise- oder Musiksaal: Apollo als Führer der Musen ▷

Unteres Vestibül und Treppenhaus in Schloß Falkenlust

Ansicht des Schlosses Falkenlust

◁◁ Schloß Augustusburg. Audienzsaal des Großen Neuen Appartements mit Blick in den Garten

Lackkabinett
in Schloß Falkenlust ▷

Wilfried Hansmann

Schloß Augustusburg und Schloß Falkenlust in Brühl

Schloß Augustusburg

Bauherr des Schlosses Augustusburg war Clemens August (1700–1761), der fünfte und letzte Kurfürst und Erzbischof von Köln aus dem Hause Wittelsbach. Als er 1723 die Kurwürde erhielt, übernahm er zwar die Bonner Residenz seines Onkels und Vorgängers Joseph Clemens als Regierungssitz, doch Clemens August wollte seine eigene Herrscherwürde in einem von ihm selbst errichteten Schloßbau dargestellt sehen. Den Grundstein hierzu legte er 1725 in den Ruinen einer Wasserburg in Brühl, die im 13. Jahrhundert als Landesburg der Kölner Erzbischöfe errichtet und 1689 im Dritten Eroberungskrieg Ludwigs XIV. zerstört worden war. Clemens August schätzte Brühl wegen der Schönheit der Landschaft und der Gunst für die geliebte Falkenjagd.

Drei Jahre nach der Grundsteinlegung war der Rohbau fertiggestellt. Den Plan zu der dreiflügelig nach Osten geöffneten Anlage – zunächst noch nicht als Residenz, sondern als Jagdschloß gedacht – entwickelte der Westfale Johann Conrad Schlaun, damals Oberbaumeister des Kurfürsten. Die auffallend geringen Abmessungen des Gebäudes haben einen nüchternen Grund: Clemens August wollte durch die Wiederverwendung der Wasserburgruinen Baukosten sparen. Schlaun hatte deshalb zu untersuchen, welche Mauerteile erhalten werden konnten. So erklärt sich, warum die heutige Anlage nur wenig umfangreicher ist als der Vorgängerbau. Dessen Mauern blieben im Nordflügel des Schlosses teilweise bis ins zweite Obergeschoß bestehen. Schlaun übernahm auch den schweren Rundturm des Mittelalters an der Nordwestecke und errichtete einen gleichartigen an der Südwestecke als Kapellenturm. In der Fassadenarchitektur ließ Schlaun – gerade von einer Studienreise aus Italien zurückgekehrt – Bauformen Francesco Borrominis und Giovanni Lorenzo Berninis anklingen. Das Schloß sollte von den Wassergräben der alten Landesburg umgeben bleiben. Schlaun plante, ihre Vorburg zur Stadt hin symmetrisch auszubauen und vor dem Ehrenhof des Schlosses einen Ziergarten anzulegen.

Blick in die »Cour d'honneur«

Vermutlich hätte Schloß Augustusburg die Gestalt einer kurkölnischen Landesburg Schlaunscher Prägung behalten, hätte nicht der bayerische Kurfürst Karl Albrecht, der Bruder Clemens Augusts, den Vorwurf geäußert, wie man so etwas Altertümliches bauen könne. Clemens August ließ sich zu einer grundlegenden Planänderung bewegen, und Karl Albrecht entsandte aus München seinen Hofarchitekten

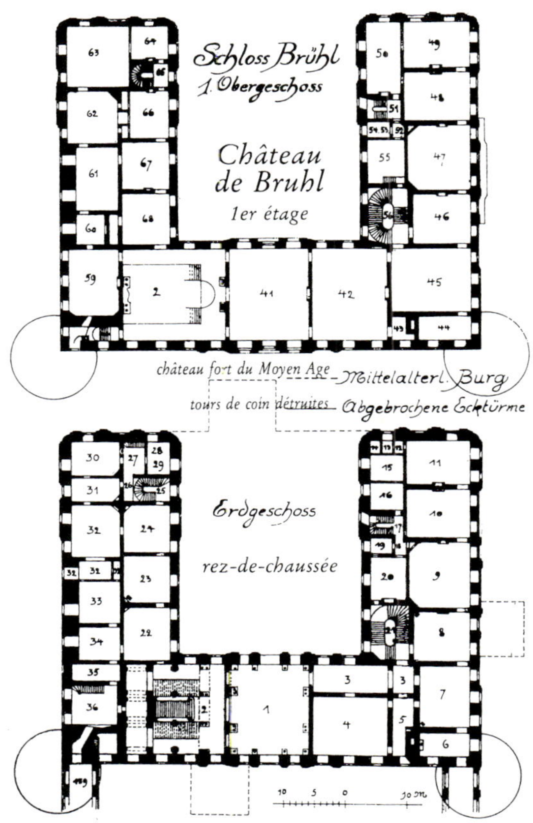

Grundriß des Schlosses, Erdgeschoß und erstes Obergeschoß

Erdgeschoß: 1 Vestibül; 2 Treppenhaus; 3 sog. Falkengang; 4 Sommerspeisesaal; 5 Anrichte; 6–11 Sommerappartement; 22–24 Ritterstube und Vorzimmer des Blauen Winterappartements (25–36 teils im Zweiten Weltkrieg, teils schon vorher zerstört)
Erstes Obergeschoß: 2 Treppenhaus; 41–50 Großes Neues Appartement; 59–68 Gelbes Appartement (63 und 64 Cabinet de la musique und Indianisches Lackkabinett, im Zweiten Weltkrieg zerstört)

Blick aus dem Vestibül ins Treppenhaus. Stuck von Giuseppe Artario, Carlo Pietro Morsegno und Joseph Anton Brilli

François de Cuvilliés und den Gartenkünstler Dominique Girard nach Brühl. Schlaun wurde als Bauleiter abgelöst; fortan war er nur noch in Westfalen für den Kurfürsten tätig. Cuvilliés erhielt den Titel »erster Baumeister«. Da er nur selten in Brühl sein konnte, übernahm der kurkölnische Hofarchitekt Michael Leveilly die Bauleitung vor Ort.

Cuvilliés entwickelte einen Gesamtplan für die Umgestaltung des eben erst durch Schlaun vollendeten Rohbaus. Diese Überlegungen betrafen die gesamte Innenraumdisposition und die Gärten. Cuvilliés' Gedanke war, dem Bau die nicht mehr zeitgemäßen Züge einer Wasserburg zu nehmen und statt dessen eine moderne Residenz mit Lustschloßcharakter zu gestalten. Die Wassergräben wurden zugeschüttet, und vor der Südfront entstand nach den Plänen Dominique Girards ein großartiges Gartenareal. Zwei Orangerien an der Stadtseite verbanden Wirtschaftstrakt und Kirche der Franziskaner als Hofkirche mit dem Schloß.

Im Inneren änderte Cuvilliés völlig die Raumanordnung Schlauns, indem er die Repräsentationsgemächer nach Süden orientierte – dem neuen Garten zu (Schlaun hatte sie umgekehrt vom Hauptflügel aus in den Nordflügel gelegt). Schließlich überarbeitete Cuvilliés die Außenfassaden und ließ die Rundtürme abbrechen. Jetzt erst erhielt das Schloß das Gesicht einer repräsentativen Residenz.

Für Clemens August waren höchste Prachtentfaltung und erlesene Qualität gleich welcher Richtung willkommen, wenn sie nur sein Bedürfnis nach Genuß, Repräsentation und Erhöhung seiner Person erfüllten. Niemals ging vom Fürsten ein Stildiktat aus, nach dem sich die Baumeister und Kunsthandwerker hätten richten müssen. Nur eins war entscheidend: die Künstler mußten die besten ihres Faches sein. Italienisches findet sich regellos neben Französischem, Niederländischem oder Süddeutschem. Brühl läßt die Entwicklung des Rokoko in allen Facetten erleben wie kein zweites Schloß dieser Art.

Die Bauzeit betrug rund vierzig Jahre. Trotz vielerlei Verzögerungen wegen oft versiegender Gelder wurde Schloß Augustusburg eines der glanzvollsten Gesamtkunstwerke des 18. Jahrhunderts in Europa. Clemens August erlebte die Vollendung zwar nicht, doch waren bei seinem Tode 1761 die meisten Appartements und die künstlerisch bedeutendste Ausstattung der Prunkräume fertiggestellt. Der Nachfolger, Kurfürst Max Friedrich von Königsegg-Rothenfels, führte die Arbeiten nach den Plänen seines Vorgängers zu Ende.

Nach dem Zusammenbruch des Kurstaates 1794 wurde Schloß Augustusburg von französischen Revolutionstruppen besetzt und arg demoliert. Kein Möbelstück blieb erhalten. 1815 gelangte das Schloß an die preußische Krone. Es wurde als königliche, später als kaiserliche Residenz am Rhein restauriert. Nach dem Zweiten Weltkrieg ging das Gebäude in den Besitz des Landes Nordrhein-Westfalen über, das für weitere Restaurierungen sorgte und dafür auch heute noch die Gelder bereitstellt.

Nach 1945 waren umfangreiche Wiederaufbau- und Konservierungsarbeiten zu leisten: Eine Bombe hatte einen Teil des Nordflügels weggerissen, in die Westwand des Hauptflügels war eine Artilleriesalve mit verheerender Wirkung eingeschlagen. Erst als die ärgsten Kriegsschäden behoben waren, konnte mit der Sicherung der gesamten Gebäudesubstanz begonnen werden.

Deckengemälde von Carlo Carlone im Gardensaal: Huldigung an Kaiser Karl VII.

Die Restaurierungen der fünfziger und sechziger Jahre zielten auf Wiedergewinnung des ursprünglichen Erscheinungsbildes aller Räumlichkeiten. Veränderungen des 19. Jahrhunderts, damals als Verschandelung verschrien und noch nicht als eigenständige Leistungen erkannt, beseitigte man rigoros. Diese Maßnahmen betrachtet heutige Denkmalpflege, die das »gewachsene Kunstwerk« mit all seinen historischen Schichten zu bewahren sucht, als fragwürdig.

Schloß Augustusburg war zugleich Lustschloß und Residenz. Der Kurfürst widmete sich hier den Regierungsgeschäften, gewährte Audienzen, führte Verhandlungen mit Staatsmännern. Daneben fanden hier die Festlichkeiten des Hofes statt. Das Leben in der Residenz war geregelt durch die Hofordnung. Alles unterlag einem bis ins kleinste ausgearbeiteten Zeremoniell. Dessen Hauptschauplatz waren Treppenhaus und Großes Neues Appartement, die Hauptraumfolge des Schlosses. Hierzu gehören insgesamt zehn Räume: Treppenhaus, Gardensaal, Speise- oder Musiksaal, erstes und zweites Vorzimmer, Audienzsaal, Paradeschlafzimmer, Kabinett, Bibliothek und Nepomukkapelle.

Diese Raumfolge war für das Empfangs- und Regierungszeremoniell vorgesehen. Hier versammelte sich beim Empfang eines auswärtigen Fürsten oder eines Gesandten zur Audienz der gesamte Hofstaat. Er war hierarchisch gegliedert in vier Gruppen, angefangen bei den Küchenjungen und Zuckerbäckergehilfen, die sich zusammen mit den Klosterfrauen unten an der Treppe einfinden durften, über die Mili-

Audienzsaal des Großen Neuen Appartements

Fuchsjagd. Gemälde von Joseph Billieux an der Decke des Audienzsaals

tärs und die Begleitung des Gastes im Gardensaal bis hin zu den höchsten Geistlichen im ersten Vorzimmer.

Die Hauptraumfolge ist künstlerisch in besonderer Weise gestaltet. Ihr vielfältig in Stuck und Malerei inszeniertes Bildprogramm stellt einen mythologisch-allegorischen Kommentar über die Bedeutung und das Selbstverständnis des Kurfürsten dar. Dieser Kommentar beginnt im Treppenhaus, Balthasar Neumanns architektonischem Meisterwerk, »die wirkungsvollste, glücklichste, prächtigste und schönste Leistung des Rokoko in ganz Deutschland« (Paul Clemen). Nach dem Aufstieg über einen Mittellauf führen von einem Podest aus zwei Oberläufe ins Piano nobile. Neumanns Auffassung von plastisch durchgliedertem Raum mittels Doppelsäulen und Gewölbebrücken ist im Erdgeschoß beispielhaft zu erleben. Mit jedem Schritt in die Höhe wird der Raum lichter. Farbiger Stuckmarmor an Säulen, Gewölben und Wänden und das prachtvolle Deckenfresko von Carlo Carlone vereinigen sich in diesem Raum zu unübertroffener Farbharmonie. Im Mittelpunkt des Bildprogramms, das auf die ruhmreiche Gestalt des Clemens August zentriert ist, steht seine vergoldete Stuckbüste in einer Triumpharchitektur. Noch bevor man den Treppenaufstieg beginnt, beherrscht sie den Blick des Betrachters.

Im Deckenfresko des angrenzenden Gardensaals ist der Kommentar über den Fürsten fortgesetzt. War Clemens August im Treppenhaus als kurkölnischer Herrscher Mittelpunkt des Programms, so verherrlicht dieses Deckenfresko – wieder von Carlo Carlone – den Höhepunkt in der Geschichte des Hauses Wittelsbach: das Kaisertum Karls VII., des bereits erwähnten Bruders von Clemens August, Karl Albrecht. Nach einer zeitgenössischen Beschreibung stellt das Fresko die Götterversammlung dar, die die Aufnahme eines Helden unter die Himmlischen beschlossen hat. Der Held auf dem Thron ist nicht Karl VII. leibhaftig, sondern die Gestalt repräsentiert ihn als »historische Figur« in einer »poetischen Historie«. Religio, Nobilitas, kriegerische Stärke, guter Rat und Weisheit umgeben den thronenden Helden als seine Eigenschaften, während Justitia ihm die kaiserlichen Insignien darreicht und die vier Erdteile – herbeigerufen durch Fama – ihm mit Geschenken huldigen.

Der folgende Raum ist der Speise- oder Musiksaal. Er war Schauplatz der sogenannten öffentlichen Bankette, aber auch Aufwartungsplatz beim Empfangszeremoniell. Mit dem ungewöhnlich aufwendigen Ausstattungsprogramm in Stuck und Malerei ist die Verherrlichung des Kurfürsten ins Kosmologische gesteigert. Personifikationen und Embleme der Tages- und Jahreszeiten, der Elemente, der Künste und Herrschertugenden, von Handel, Handwerk, Jagd und Kriegskunst an den Wänden und im Deckenstuck sind der Darstellung von Apollo und den neun Musen auf Carlones Deckenfresko zugeordnet. Hier erscheint auch – von Fama vorgeführt – in den Himmelshöhen das Kreuz des Hochmeisters des Deutschen Ritterordens, eine Würde, die Clemens August besonders schätzte.

Im ersten Vorzimmer öffnet sich gleichsam eine neue Welt: die Welt des Gartens, auf den der Blick durch Fenstertüren fällt. Gartenmotive sind auch bevorzugt im Deckenstuck des Raumes aufgenommen. Es ist die Absicht spürbar, den Betrachter für einen Augenblick konzentriert auf die Gartenatmosphäre einzustimmen, die für die weitere Raumfolge wichtig bleibt.

Erstes und zweites Vorzimmer sind bewußt schlicht gestaltet – gemessen am verschwenderischen Reichtum des benachbarten Audienzsaals. Der Kontrast soll den Effekt des Erstaunens im Audienzsaal erhöhen.

Jeder, der ihn betritt, ist gefesselt von der reichsten und wohl auch schönsten Decke des späten deutschen Rokoko. Malerei und vergoldeter Stuck verbinden sich zu einer Wirkung, die höchsten Prachtanspruch suggeriert und zugleich Distanz gebietet. Die Stukkaturen rahmen gemalte Jagdszenen von Joseph Billieux. Sie erinnern an die Jagdleidenschaft Clemens Augusts. Die Falkenjagd, die er mit besonderer Hingabe in Brühl betrieb, erscheint stilisiert im vergoldeten Stuck zusammen mit seinen Würdezeichen. Dahinter steht die noch im 18. Jahrhundert lebendige Vorstellung aus der Ethik des Stauferkaisers Friedrich II., nur der könne ein Amt im Staate verwalten, der es in der schwierigen Kunst der Falkenjagd, die höchste Disziplin, Ausdauer und Scharfsinn erfordere, zur Meisterschaft gebracht habe. Die Ausführung der Decke ist von delikater künstlerischer Qualität bis in die Details hinein. Der Stil Joseph Billieux' zeichnet sich durch Nuancenreichtum der Farbgestaltung aus.

Um die Plastizität des Stucks auf dem grünen Fond zu steigern, sind um die Stuckmotive Scheinschatten gemalt. Auch an trüben Tagen wird so die Illusion erweckt, die Sonne wirke in den Raum hinein.

In keinem der Räume des Großen Neuen Appartements erlebt man eindrucksvoller die Absicht des Rokoko, Innenraum und Garten engstens aufeinander zu beziehen: Die Stuckdecke nimmt die Strukturen der Broderiebeete auf, das Grün der Holzvertäfelung und der Decke korrespondiert mit dem Grün des Gartens.

Eine ähnlich reich gestaltete Decke wie der Audienzsaal hat das benachbarte Paradeschlafzimmer. Sie zeigt innerhalb einer überreichen Vergoldung gemalte Szenen: Begegnungen und Vergnügungen im Park nach Gemälden von Antoine Watteau und Nicolas Lancret, vermittelt durch Stichvorlagen.

Affen als Falkner.
Aus der Decke des Kabinetts im Großen Neuen Appartement

Wandbrunnen im Speisezimmer des Gelben Appartements

Speisezimmer im Sommerappartement

Fliesen aus dem Speisezimmer im Sommerappartement

Ins Kabinett zieht sich der Kurfürst zur Entspannung zurück oder bittet hierher zu einer zwanglosen Konversation. Die leichte Art der Deckenmalerei – wie im Audienzsaal und im Paradeschlafzimmer von Billieux – entspricht glänzend der Funktion dieses Raumes. Zartfarbene Treillagen, galante Begegnungen und köstliche Affendrolerien entzücken das Auge. Die Affen beschäftigen sich vor allem mit der Jagd: auch mit der Falkenjagd. Das, was der Kurfürst bei seinem Aufenthalt in Brühl ernsthaft ausübte und an anderer Stelle als Herrschaftsbefähigung demonstrierte, wird hier amüsant karikiert.

Das Gelbe Appartement, im ersten Obergeschoß des Nordflügels gelegen, war die Privatwohnung des Kurfürsten. Eine der elegantesten Raumfolgen der Zeit überhaupt, wurde sie von 1728 an unter François de Cuvilliés in den Formen der Régence und des frühen Rokoko ausgestattet. Neben einigen Kabinetten, dem Schlafzimmer, Vor- und Audienzzimmer gehört zum Gelben Appartement ein Speisezimmer. Es ist – wie auch die meisten anderen Räume – ganz auf Gold und Weiß, den Farbklang der französischen Raumkunst, abgestimmt. In zwei Marmornischen sind Brunnen eingestellt mit Putten, die vor dem Wasserstrahl fliehen, den ein Schwan ins Becken speit. Diese Gruppen, von Guillielmus de Grof in Blei gegossen, sind die besonderen Schmuckstücke des Speisezimmers. Im Stuck, in den Wandschnitzereien und in den Supraporten sind all die Köstlichkeiten ausgebreitet, die einst auf die kurfürstliche Tafel kamen.

Für den Aufenthalt an heißen Sommertagen stand im Erdgeschoß des Südflügels das Sommerappartement bereit. Seine Gestaltung sollte bewußt Kühle assoziieren. Die Wände der Räume ließ Clemens August teilweise ganz mit niederländischen Fliesen in seinen Hausfarben Weiß und Blau verkleiden und die übrige Ausstattung in meist kalten Farbtönen darauf abstimmen. Der Fußboden wurde mit Marmor ausgelegt. Öffnete man die Fenstertüren, so gelangte man gleich nach draußen auf die Terrasse und hinunter in den Ziergarten. Das Rauschen der Springbrunnen und ihr Anblick, schrieb 1767 Lady Mary Coke, lasse die angenehme Kühle des Sommerappartements noch bewußter empfinden.

Schönster Raum ist der Sommerspeisesaal. Seine Fliesenwände prunken mit üppig gesteckten Blumenvasen, Genreszenen nach niederländischen Meistern und Figuren der Commedia dell'arte, alles in der Rotterdamer Manufaktur ›De Bloempot‹ von Jan Aelmis um 1738 gefertigt.

Der Garten

Der Garten von Schloß Augustusburg ist die spätestbekannte Schöpfung Dominique Girards. Noch heute ist sein »garten-dessein so er für Ihro Churfürstliche Durchlaucht dahir gemacht« und für das er am 28. Februar 1728 einen Abschlag von 50 Louisdor erhielt, im Schloß zu sehen.

Girard fand ein älteres wasserumwehrtes Parkareal vor, den Tiergarten, dessen unregelmäßige Umrißform er unangetastet ließ. Den Wassergraben bezog er in ein ausgedehntes Kanalsystem ein; es umgrenzt das Gelände, umschloß einst westlich des Ziergartens den Nutzgarten und östlich ein Boskett.

Schwerpunkt der Anlage ist vor der Südseite des Schlosses der große, von Alleen gesäumte Ziergarten, in den man über die Terrasse hinuntersteigt. Leicht eingetieft, besteht er aus einem zweiteiligen Broderieparterre aus Buchs und Rasen und dem halbrund in die Zierbeete einschwingenden Spiegelweiher. Dieser wird gespeist aus dem runden Becken der großen Fontäne mittels einer flachen Kaskade. Die beiden Broderieparterres, jedes mit rundem und vierpaßartigem Brunnenbecken, stehen an Lebendigkeit der ornamentalen Zeichnung keiner anderen Gartenschöpfung des 18. Jahrhunderts nach. Das Filigran der Buchsornamente fassen Blumenrabatten ein. Die Zwickel seitlich der Kaskade füllte Girard mit ornamental durchbrochenen, von schmalen Buchsstreifen umrandeten Rasenstücken. Sie leiten den Blick auf die grüne Kulisse des Tiergartens. Die seitlichen Bosketts haben Dreieckform. Girard vermochte sie souverän an das Hauptparterre anzubinden: Die großen Rundsäle haben in der Mitte von Bäumen umsäumte Boulingrins mit achteckigen Brunnen, deren Springstrahlen durch Diagonalachsen einmal auf die große Fontäne in der Hauptachse, zum anderen auf die Springstrahlen der vierpaßartigen Brunnen der Broderiebeete bezogen sind. Alle Brunnen sind erneuert.

Der Ziergarten wurde von 1933 bis 1935 durch die preußische Verwaltung der Staatlichen Schlösser und Gärten rekonstruiert. Als

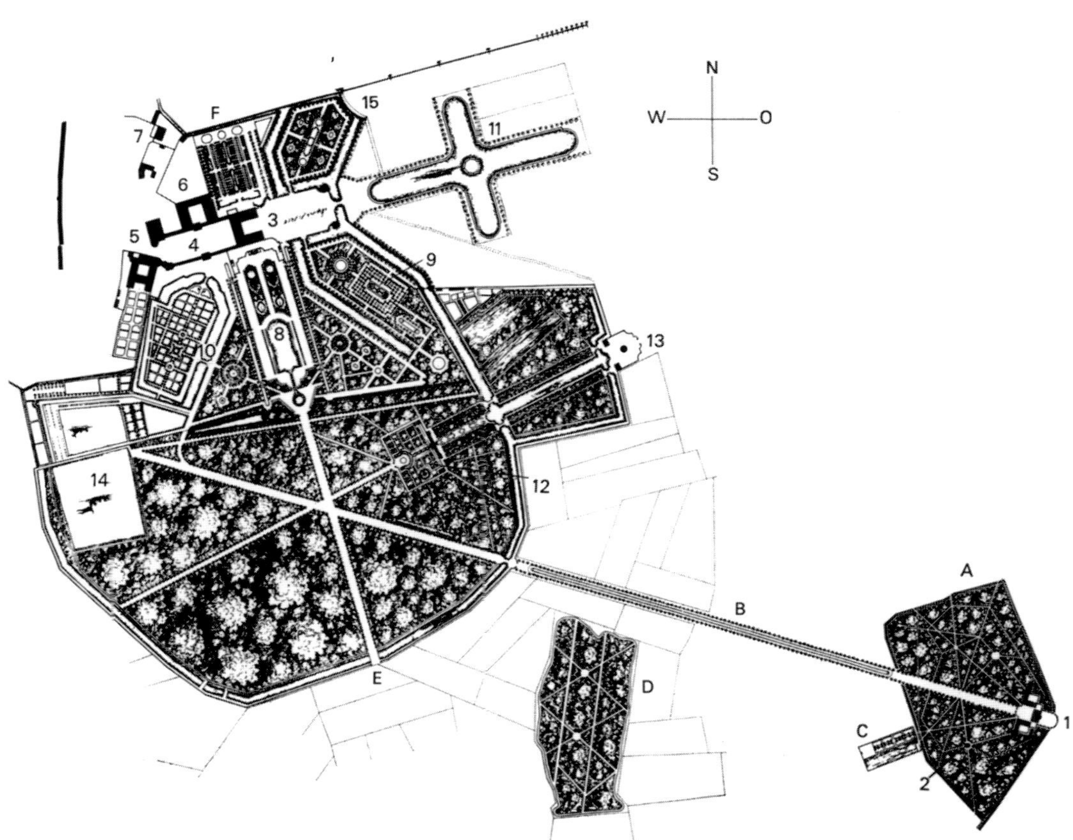

Umzeichnung des Girardschen Gartenplans nach Renard

A Falkenlustbusch; B Falkenlustallee; C Krautgarten; D Waldstück; E Tierpark; F Nordgarten
1 Schloß Falkenlust; 2 Kapelle im Falkenlustbusch; 3 Schloß Augustusburg mit Ehrenhof; 4 Westlicher Hof vor Schloß Augustusburg; 5 Franziskanerkirche; 6 Küchengebäude; 7 Kellnerei, darunter Marstall, genannt Hubertusburg; 8 Südparterre mit Spiegelweiher; 9 Östliches Boskett, genannt Rosengarten; 10 Küchengarten; 11 Großes Wasserkreuz (nicht ausgeführt); 12 Indianisches Haus; 13 Schneckenhaus; 14 Seeweiher; 15 Nördliches Boskett

Grundlage diente der Plan Girards. Um 1980 erwies sich eine Erneuerung der Zierbeete als unumgänglich, denn der Buchs der Ornamentpflanzung war vergreist; an zahllosen Stellen war er bereits verdorrt, so daß die Zeichnung der stickereiartigen Prunkbeete verlorenzugehen drohte.

Ein Broderieparterre erfordert eine farbige Gestaltung mit toten Materialien: weißer oder gelber Sand für die Grundfläche, zerstoßene Kohle zur Ausfüllung der Buchsornamente, roter Ziegelsplitt für die Einfaßstreifen von Rasenbändern. Ein solches Farbensemble bringt die Pracht der gepflanzten Zierornamente erst zur vollen Entfaltung. Bei der Erneuerung 1985/86 wurden aus Kosten- und Pflegegründen haltbarere Materialien gewählt als die, die der Barock verwendete: statt Sand feiner Kies, statt Kohle Basaltsplitt.

Die Sommer- und Herbstblumen der Rabatten werden seit 1984 wieder in der historisch geforderten rhythmischen Anordnung gepflanzt. Heute präsentiert sich das Brühler Parterre – neben dem von Schloß Schwetzingen – als das authentischste Beispiel eines französischen Gartens. Die beiden gedeckten Lindenalleen, die den Ziergarten begleiten, wurden unter Clemens August angepflanzt; mehr als die Hälfte der Bäume – die meiste Zeit im Formschnitt geblieben – hat noch dem lustwandelnden Kurfürsten Schatten gespendet.

Der Tiergarten wurde von 1842 an nach Plänen Peter Joseph Lennés zu einem Landschaftsgarten umgestaltet.

Schloß Falkenlust

Falkenlust ist eine der intimsten Bauschöpfungen des frühen Rokoko in Deutschland. Das Gebäude diente für die fürstlichste aller Arten zu jagen, die Falkenjagd. Clemens August betrieb sie mit Leidenschaft, und das flache Land zwischen Brühl und Wesseling bot für dieses fürstliche Vergnügen ideale Bedingungen. Im Mittelpunkt des Geschehens stand der Kampf der abgetragenen Falken mit fliegenden Reihern. Wollten sie ihre Nahrungsgründe im Altrheingebiet bei Wesseling erreichen, so mußten sie die Ebene um Falkenlust überqueren, wo sie durch die Falken, die der Kurfürst und seine Helfer hatten aufsteigen lassen, nach spannendem Kampf in den Lüften zu Boden gezwungen wurden. Die Falkner folgten den miteinander kämpfenden Vögeln zu Pferde, um sie rasch zu trennen, wenn sie niedergegangen waren. Vom Belvedere des Schlosses aus beobachteten die Damen und Herren des Hofes den Ausgang des Kampfes zwischen Jagd- und Beutevögeln in den Lüften.

Für den Bau von Schloß Falkenlust dürften praktische Erwägungen maßgebend gewesen

Schloß Falkenlust. Stich von Nikolaus Metteley nach einer Zeichnung von Johann Martin Metz, um 1750

Schloß Falkenlust.
Luftaufnahme von Nordosten

sein. Unterzubringen war der Falkenhof mit den Jagdvögeln, die ständig von erfahrenen Falknern gepflegt werden mußten. Für die Pferde waren Ställe zu schaffen. Schließlich bedurfte es eines Gebäudes als Schauplatz für den gesellschaftlichen Rahmen um die Falkenjagd. François de Cuvilliés entwarf die Pläne. Die örtliche Bauleitung übernahm Michael Leveilly, auf den wahrscheinlich auch der größte Teil der Innenausstattung zurückgeht. 1729 legte Clemens August den Grundstein. Spätestens 1731 wurde mit der künstlerischen Raumausstattung begonnen.

Neben der Funktion als Refugium der Jagdgesellschaft diente Falkenlust als Ort für politische Geheimverhandlungen. Gelegentlich bat Clemens August Favoritinnen in das Lusthaus zu intimen Soupers.

Falkenlust blieb in seiner künstlerischen Substanz im wesentlichen so erhalten, wie es im 18. Jahrhundert konzipiert und ausgeführt worden war; dies ist nicht zuletzt der Familie Giesler zu verdanken, die das Schloß seit 1832 fast 130 Jahre lang bewohnte. 1960 gingen Schloß und Falkenlustbusch in den Besitz des Landes Nordrhein-Westfalen über. Nach umfangreicher Restaurierung wurde das Schloß zu ausschließlich musealer Nutzung bestimmt.

Schon die Lage des Schlosses ist wohlüberlegt. Cuvilliés errichtete es am Ostrand des Falkenlustbusches, so daß ein möglichst rasches Ausreiten zur Falkenjagd möglich war. Vom Brühler Schloßpark führt eine jetzt wiederhergestellte Allee auf Schloß Falkenlust zu. Vor dem zweigeschossigen Hauptgebäude begrenzen zwei eingeschossige rechtwinklige Nebengebäude die »cour du château«. Sie waren für die Falknerei, ihr Personal, für die Pferde und den Küchenbetrieb eingerichtet. In der Gesamtanlage heben sie das Haus des Kurfürsten hervor und rücken es – kommt man über die Allee vom Brühler Schloßpark – in hoheitsvolle Distanz.

Falkenlust vertritt einen in Frankreich entwickelten Gebäudetypus in knappster, reinster Form: die »maison de plaisance«. Sie ist streng vom Grundriß her zu definieren; ›Klarheit‹ und ›Bequemlichkeit‹ sind ihre Prinzipien. Vom Eingangshof vermittelt im Erdgeschoß das Vestibül den Zugang zum Treppenhaus rechts, zur Garderobe links und zum Salon in der Mittelachse. Rechts und links vom Salon liegen die Salle de Compagnie oder das Speisezimmer und das Schlafzimmer für einen Gast des Kurfürsten. Dieses ist verbunden mit einem Kabinett und der Garderobe. In ihr befindet sich eine Nische für die nicht erhaltene Toilette. Die Treppe führt ins Privatappartement des Kurfürsten im Obergeschoß, das nahezu die gleiche Raumdisposition wie das

Blick durch das Treppenhaus von Schloß Falkenlust auf das Deckengemälde von Stephan Laurenz de la Rocque

Zierschnitzerei mit Meißener Porzellanvögeln

Stuckdecke von Giuseppe Arfario (1733) und Wandvertäfelung mit Teilen aus chinesischen Paravants (um 1700)

Ausschnitt eines Paneels mit Landschaftsdarstellung aus einem chinesischen Goldlackparavant der K'anghsi-Zeit (um 1700)

Erdgeschoß aufweist: Vestibül, Salon, Schlafzimmer, anstelle des Speisezimmers ein chinesisches Kaffeekabinett, schließlich eine Garderobe und als Besonderheit ein Spiegelkabinett. Wenn auch der intime Charakter des Gebäudes im Grundriß zum Ausdruck kommen mußte, gelang es Cuvilliés doch, den Haupträumen eine gewisse Großzügigkeit zu geben.

Das Vestibül des Erdgeschosses zeigt die Bestimmung des Schlosses an: In den Ecknischen des Raumes erscheinen Satyrn als Schützer der Reiher und Nymphen als Falknerinnen mit Jagdfalken des Clemens August. So wird mythologisch die Sphäre der Falkenjagd umschrieben, eine irreale, traumhafte, zugleich aber auch mit sinnenhaften Reizen erfüllte Welt, in die sich die höfische Gesellschaft des Rokoko so gerne versetzte.

Im unteren Salon versammelte sich die Jagdgesellschaft des Kurfürsten. Von hier aus begab sie sich nach draußen über die »avant cour« zur Falkenbeize. In den unteren Salon kehrten die Falkner zurück, um in fröhlicher Runde den Jagdausgang zu feiern.

Ein Fußboden aus weißem Marmor und die Wandverkleidung mit niederländischen Fliesen in Weiß und Blau – in den Farben der kurkölnischen Falkenjagd und des Hauses Wittelsbach – geben dem Raum eine kühle Atmosphäre. Im subtilen Deckenstuck erscheinen Falknerinnen und Falkner bei der Jagd. In lebensgroßen Porträts an den Wänden und in Supraporten sind die wirklichen Jagdteilnehmer bis heute gegenwärtig, darunter der Kurfürst als der Gastgeber. Alle tragen die blaue, silberverzierte Uniform der Falkenjäger, wie sie am Hof Clemens Augusts vorgeschrieben war.

Neben dem Salon liegt das Speisezimmer. Die Wände sind mit einer ockergelben, von Spiegeln unterbrochenen Boiserie verkleidet, ihre Füllungen bemalt. Die an Vielfalt und Lebendigkeit kaum zu übertreffende Rocailledekoration in Blautönen läßt allenthalben das Falken-Reiher-Thema anklingen und umschließt kartuschenartige Felder mit Früchtestilleben und Landschaften, braun in braun mit fast impressionistischer Lässigkeit gemalt.

Der Hausherr begegnet als der genießerische, sinnenfrohe Fürst auf dem Kaminbild von Joseph Vivien im Lackkabinett, dem erlesensten Raum des Erdgeschosses. Clemens August, bekleidet mit einem Seidenschlafrock und einer roten Nachtmütze aus Samt, sitzt auf einem roten Sessel, den ein blauer Vorhang hinterfängt. Der kostbare Schlafrock aus Silberbrokat und die Tee- oder Kaffeetasse aus Chinaporzellan, die Clemens August graziös in der Rechten hält, weisen darauf hin, daß verfeinerter Lebensgenuß ein Vorrecht des Fürsten ist.

Den Herrschern des 18. Jahrhunderts galt China als das Land des heiteren, sorgenfreien Lebens und des höchsten Luxus, wovon sie einen Abglanz in ihrer eigenen Umgebung zu verwirklichen versuchten. So ist der Raum mit dem Clemens-August-Porträt ein chinesisches oder – wie man sagte – »indianisches« Lackkabinett: ein Beispiel für inszeniertes China. Alle Füllungen sind schwarzgrundige Lackmalereien à la chinoise auf Holz oder Leinwand in vergoldeten Schnitzrahmen mit Konsölchen für Porzellane. Die Lackmalereien – vermutlich größtenteils in Paris gefertigt – verbreiten schon durch ihre glänzende Oberfläche »indianische« Stimmung, ist doch die Lackkunst ostasiatischen Ursprungs.

Zur Vorstellung von einem Chinahaus gehörte wesentlich Porzellan. In Europa behalf man sich mit niederländischen Fliesen, die Clemens August über alles liebte. Mit ihnen ließ er auch das Treppenhaus vom Boden bis zur Decke verkleiden. Ihr Weiß und Blau sind die charakteristischen Farben des Chinaporzellans, zugleich wieder Symbolfarben des Kurfürsten. Grundmotiv der Wandgliederung ist ein Netz aus Fliesen mit den Rauten des Wittelsbachischen Hauswappens. Dieses Rautennetz schließt zwei Motivgruppen von Bildfliesen ein: die Teilnehmer an der Jagd, ferner Beute- und Jagdvögel. Der Betrachter soll die Flächendekoration, aber auch die mit raschem Pinsel gemalten Einzelbilder genießen. Die Fliesen sind keine Marktware, sondern eigens für Clemens August von der Manufaktur ›De Bloempot‹ des Jan Aelmis in Rotterdam angefertigt: Auf den Hauben der Falken ist überall das Monogramm CA zu finden.

Die Treppe führt hinauf ins Privatquartier des Kurfürsten. Hier ist die Ausstattung noch reicher, noch kostbarer gestaltet als im Erdgeschoß. Allenthalben klingt auch hier in der Dekoration, vornehmlich in den Stuckdecken, die Falken-Reiher-Thematik an. So im oberen Salon. Er war wie der untere Salon Gesellschaftsraum und nur mit Sitzmöbeln ausgestattet. Wand- und Deckenstuck sind die künstlerischen Schwerpunkte des Raumbildes.

Eine köstliche Anspielung auf die Eigenschaft des Falkners zeigt die Stuckdecke des kurfürstlichen Schlafzimmers. In den Eckmotiven erscheinen gute und nachlässige Falkner: Zwei wenden sich von den Jagdvögeln ab, rauchen Pfeife und schlafen, zwei wenden sich ihnen zu und beschäftigen sich mit ihnen. Stand man vor dem Bett des Kurfürsten, so erblickte man darüber die guten Falkner. Clemens August hatte von seiner Schlafstätte aus die nachlässigen Falkner als abschreckende Beispiele vor Augen.

François Rousseau, Falkenjagd vor Schloß Falkenlust, um 1760

Höhepunkt aller Räumlichkeiten in Falkenlust ist das Spiegelkabinett. In die blaugefaßte Boiserie der Sockel- und Wandzone sind allseitig Spiegel eingelassen, mit vergoldetem Schnitzwerk verschwenderisch gerahmt. Die Spiegel lösen die Raumgrenzen auf, der Betrachter fühlt sich in eine Sphäre traumhafter Irrationalität versetzt. Zum Glanz des Goldes kam eine verwirrende Zahl an Porzellan aus China in den Farben Weiß und Blau hinzu – heute durch entsprechende Stücke ersetzt. Die ursprüngliche Kollektion wurde laut Testament des Kurfürsten nach seinen Tode veräußert, um Schulden zu begleichen.

Die Kapelle im Falkenlustbusch nahe dem Schloß ist in der Art einer Eremitengrotte errichtet. Spätestens 1733 stand der Rohbau, 1740 weihte der Kurfürst die Kapelle mit großem Gepränge. Sie hat die Gestalt eines Gartenpavillons. Außenbau und Innenraum zeigen als Hauptausstattungselement Grottenwerk von Peter Laporterie in phantasievoller Komposition.
Schloß Augustusburg und Schloß Falkenlust stehen als Museen allen Besuchern zur Besichtigung offen. Schloß Augustusburg dient seit Bestehen der alten Bundesrepublik Deutschland dem Bundespräsidenten als Repräsentationsstätte für den Empfang ausländischer Staatsgäste. Das Treppenhaus bietet alljährlich den festlichen Rahmen für die ›Brühler Schloßkonzerte‹.

Literatur

Paul Clemen/Ernst Polaczek, Die Kunstdenkmäler des Landkreises Köln (Die Kunstdenkmäler der Rheinprovinz 4/I), Düsseldorf 1897, S. 98 f.

Wilfried Hansmann, Schloß Augustusburg zu Brühl (Rheinische Kunststätten 23), 6. Aufl. Neuss 1990 (mit umfassendem Literaturverzeichnis).

Ders., Das Jagdschloß Falkenlust zu Brühl (Rheinische Kunststätten 149), 6. Aufl. Neuss 1990 (mit umfassendem Literaturverzeichnis).

Wilfried Hansmann/Gisbert Knopp, Schloß Brühl. Die kurkölnische Residenz Augustusburg und Schloß Falkenlust, Köln 1982.

Welterbe Kulturlandschaft Oberer Mittelrhein – »der schönste Landstrich von Deutschland«

Detlev Arens

UNESCO-Welterbe Kulturlandschaft Oberer Mittelrhein

»Kulturlandschaft« ist von den Kategorien des UNESCO-Welterbes sicher die anspruchsvollste. Das liegt zunächst einmal an der Flächengröße, die diese Auszeichnung voraussetzt, aber gewiß auch daran, daß jahrhundertelang genutzte Landschaften äußerst komplexe Gebilde sind (ganz abgesehen davon, daß sie sich unberechenbar entwickeln).

Fatalerweise wird das jedesmal am deutlichsten, wenn Landschaftsbilder zur Disposition stehen. Natürlich kann auch ein einzelnes Bauwerk, kann insbesondere ein historisches Stadtbild vor Eingriffen nie sicher sein. Doch es gibt ziemlich verläßliche Kriterien, um Verluste an der Substanz zu beurteilen. Landschaft nimmt eher unmerklich Schaden, jedenfalls läßt sich die einzelne »Maßnahme« leichter bagatellisieren. Häufig ist der Weg von der Ursache zur Wirkung länger und verschlungener, oft zeigen sich die gravierenden Folgen erst in der Gesamtbilanz. Wegen des eminenten Reichtums an Gesichtspunkten sind einzelne Schutzaspekte und ihr Stellenwert sehr viel schwerer zu bestimmen.

Und kaum selbstverständlicher, als mitteleuropäische Kulturlandschaften eine Vergangenheit hatten, müssen sie, müssen vor allem ihre Bewohner eine Zukunft haben. Die UNESCO trug dieser Notwendigkeit mit einem Beiwort Rechnung. »Fortbestehende Kulturlandschaft« schließt den Gesichtspunkt Entwicklung eher stillschweigend ein, aber eben den Wandel nicht grundsätzlich aus.

Dabei nötigt schon das bloße Fachwort Kulturlandschaft zur Verdeutlichung. So offenkundig das Phänomen, so heikel der Begriff: Wenn schon der Wortteil Landschaft seine definitorischen Tücken hat, dann untergräbt der Vorsatz Kultur erst recht die Hoffnung auf klare Verhältnisse. Nonchalant wird hier ein erweiterter Kulturbegriff vorausgesetzt – nur läßt sich der ebenso leicht propagieren wie schwer handhaben. Zuweilen soll es ja sogar Denkmalämtern schwerfallen, in einer Kulturlandschaft mehr zu sehen als die Summe ihrer approbierten Sehenswürdigkeiten. Die ganzheitliche Sicht verunsichert per se, aber sie verunsichert besonders stark, weil die Verschränkung von Natur und Kultur stets neu erwogen, wenn nicht entdeckt werden muß.

Erst 1992 finden Kulturlandschaften Eingang in die UNESCO-Richtlinien. Dann jedoch werden drei Gruppen unterschieden, vorab die von Menschenhand eigens geplanten und gestalteten Landschaften, zu denen vornehmlich Parks und Gärten gehören. Als (nur) gestaltet werden Kulturlandschaften definiert, die sich in der Auseinandersetzung des Menschen mit den natürlichen Gegebenheiten nach und nach herausgebildet haben. Schließlich kreierte die UNESCO eine assoziative Kulturlandschaft, sie muß aufgrund ihrer immateriellen, also zugeschriebenen Werte von eminenter Bedeutung sein.

Nun heißt es zwar in dem zu Recht oft zitierten Kleist-Ausspruch (siehe S. 453), daß hier »unser größter Gärtner sichtbar con amore gearbeitet hat«, doch als Garten läßt sich der Obere Mittelrhein eben nur metaphorisch verstehen. Vielmehr erfüllt der Stromabschnitt zwischen Bingen und Koblenz allein die beiden letztgenannten UNESCO-Kriterien, sie aber auf ganz außerordentliche Weise. Er vereint ein sehr prägnantes Landschaftsbild mit zahlreichen Denkmälern, er versammelt viele Ikonen der Rheinromantik, ja die rheinromantischen Nutznießer verdanken ihm die werbewirksame Trinität von Burg, Felsen und Wein(bau). Folgerichtig ist der Mittelrhein die Wiege des Tourismus, wenn nicht des Massentourismus auf deutschem Boden. Auch heute lockt der Cañon zwischen Bingen und Koblenz viele Besucher und vermittelt am Ort manchmal den Eindruck, er sei in Amerika oder Japan berühmter als hierzulande; eine Fernwirkung, deren Ursachen noch kaum ergründet sind.

Unleugbar lebt diese Strompartie auch von ihrer Verklärung. Und sie lief just wegen der Überhöhung Gefahr, nur noch als ihr eigenes Klischee zu existieren. Die Landschaft verschwand hinter Liedzeilen, die bei Bedarf nicht nur empfindsam tremoliert, sondern auch lauthals geschmettert wurden. Ihr drohte ein Schicksal als Kulisse, in der nur noch Boulevard gespielt werden konnte. Das meistgegebene Stück hieß ›Besuch eines Kegelklubs‹.

Burgruine Rheinfels mit Blick ins Rheintal

Davor warnt der Rheinische Verein für Denkmalpflege und Landschaftsschutz seit langem. Heute gerät leicht in den Hintergrund, daß sich diese Organisation am dauerhaftesten, am zähesten für den Mittelrhein einsetzte. Schon als er 1974 erstmals öffentlich einen starken Schutz des Rheintals forderte, zog der Verein nach seiner Auffassung die Notbremse. Viele Gemeinwesen links und rechts des Stroms litten unter der Verkehrssituation: Sie lagen nicht am Rhein, sondern an der Rheinuferstraße und an der Eisenbahntrasse. Natürlich weckte die illustre Landschaft immer wieder Begehrlichkeiten touristischer Großunternehmer, die sie mit Ferienparks spektakulär vermarkten wollten. Andererseits läßt sich gewiß nicht sagen, das hiesige Gastgewerbe habe seine Kunden mit offenen Armen empfangen. Mit unschöner Regelmäßigkeit kamen die einschlägigen Gutachten zu deprimierenden Ergebnissen: die Unterkünfte von blamablem Niveau, die Gastronomie in kläglichem Zustand. Es schien, als hätte man sich mit der anspruchslosesten Klientel eingerichtet.

So nahm die Aura des Mittelrheins Schaden – aber sie ging doch nicht völlig verloren. Der Stromabschnitt unterscheidet sich ja nicht nur wegen seiner Naturausstattung wesentlich von Ober- und Niederrhein. Die waren durch ihre industrielle Inanspruchnahme schon zur Unkenntlichkeit entstellt, hier gab es auf weiten Strecken nichts mehr zu retten. Dagegen hatte die Siedlungsfeindlichkeit namentlich des Oberen Mittelrheintals die

St. Goarshausen mit Burg Katz

schonungslosesten Nutzungen verhindert. Vielleicht mußte den politischen Stellen auch darum so mühsam begreiflich gemacht werden, welche Werte hier auf dem Spiel standen.

Deshalb bleibt ganz nüchtern festzuhalten: Die Beschränkung auf das »Filetstück« Oberer Mittelrhein hat zuerst politische und jedenfalls sehr pragmatische Gründe. Aus genau denselben scheiterte das Vorhaben, den ganzen, also auch den Unteren Mittelrhein unter Schutz zu stellen, es mochte so schlüssig begründet sein, wie es wollte. Die weitere Talaue zwischen Koblenz und Bonn bietet mehr Raum für lukrative Ansiedlungen aller Art. Dagegen hilft selbst der Einwand nicht, daß sich hier zumindest mit Siebengebirge und Rolandsbogen die meistgefeierten Landschaftsbilder der Rheinromantik finden. Statt dessen wurde mit dem hessischen Rüdesheim ein berühmt-berüchtigtes Zentrum ins Welterbe eingebunden, obwohl es nicht zum Mittelrhein, sondern zum Rheingau gehört.

Mit dem Stichwort Rüdesheim/Drosselgasse wird noch einmal an die materiellen und ideellen Verkrustungen erinnert, die sich inzwischen über die romantische Landschaft par excellence gelegt haben. Aber kaum einer, der mit einem weniger schnellen Zug den Strom entlangfuhr, der mit Muße und offenen Augen die Gegend erkundete, hat sich dem Zauber des Oberen Mittelrheintals entziehen können. Und vielleicht berechtigt seine Aufnahme ins UNESCO-Welterbe ja sogar zu der Hoffnung, dieses einmalige Landschaftsbild nicht nur in seinem Bestand zu erhalten, sondern ihm auch noch mehr Strahlkraft zu verleihen.

Detlev Arens

»Der schönste Landstrich von Deutschland«
Der Rhein zwischen Bingen und Koblenz

»Der schönste Landstrich von Deutschland, an welchem unser größter Gärtner sichtbar con amore gearbeitet hat, sind die Ufer von Mainz bis Koblenz. Das ist eine Gegend wie ein Dichtertraum, und die üppigste Phantasie kann nichts Schöneres erdenken als dieses Tal, das sich bald öffnet, bald schließt, bald blüht, bald öde ist, bald lacht, bald schreckt.«

Heinrich von Kleist, 1803

Oft vernachlässigt: der Blick in die Erdgeschichte

Der Begriff Mittelrhein sagt nur: Dieser Stromabschnitt vermittelt, nämlich zwischen Ober- und Niederrhein. Das läßt auf einen eher blassen Auftritt schließen. Die Größenverhältnisse scheinen die geringe Bedeutung noch zu unterstreichen, gemessen an Ober- und Niederrhein- ist der Mittelrheinabschnitt wesentlich kürzer.

Doch geht er in der undankbaren Mittlerrolle eben keineswegs auf. Vielmehr grenzt sich die Strecke von Stromkilometer 530 bis 655 klar gegenüber dem Flußtalober- wie dem -unterlieger ab. Und sie bietet ja keineswegs nur ein anderes, sondern offenbar ein derart prägnantes Landschaftsbild, daß seine Existenz wie selbstverständlich vorausgesetzt werden darf. Warum sonst bemühen die Autoren lieber sofort die atmosphärischen Vokabeln, oft genug immer dieselben? Anderen reichen wenige Stichworte, Heine etwa Abbreviatur: »Berg und Burgen schaun herunter / In den spiegelhellen Rhein«.

Wo sich die naturräumlichen Merkmale so eindrucksvoll geltend machen, sind die geologischen Voraussetzungen nicht allein im plattesten Wortsinn fundamental. Demnach muß die berüchtigte Männerchorfrage »Warum ist es am Rhein so schön?« zuerst vom Relief und der Erdgeschichte her beantwortet werden.

Der Niederrhein hat mit dem Oberrhein die Weite des Tals gemeinsam. Wo sich der Rhein durch das Mittelgebirge zwängt, herrscht dagegen Enge an den Ufern. Dennoch bietet der Stromabschnitt kein einförmiges Bild, sondern ist klar untergliedert. Zwischen Oberem und Unterem Mittelrheintal liegt mit dem Neuwieder Becken eine ganz andere Landschaft. Stromabwärts tritt das Tal immer noch eng zusammen, aber eben nicht mehr so eng wie südlich des Beckens.

Diesen gut sechzig Kilometern von Bingen bis Koblenz gilt die Auszeichnung der UNESCO. Bei Bingen wendet sich der Strom ziemlich scharf nach Norden und tritt seinen Weg durch das Rheinische Schiefergebirge an, die Binger Pforte ist ein spektakuläres Entree. Obwohl nun dieses Schiefergebirge nach dem Wasserlauf heißt, stellt es sozusagen den definitorischen Rahmen.

Ein Blick vom heutigen Rheinufer nach oben läßt über die Landschaft jenseits der Felskanten völlig im Ungewissen. Aber die Steilwände gewähren viele Einblicke in den Aufbau von Hunsrück und Taunus. Gerade im Welterbe leistet der Rhein einen enormen Beitrag zur Kenntnis ihrer Strukturen: Während die Falten und Überschiebungen des Gebirgszuges von Nordosten nach Südwesten streichen, verläuft das Obere Mittelrheintal genau senkrecht dazu. Der Strom schafft demnach einen wirklichen Querschnitt. Wie er hier das Berg-und-Tal-Inkognito weit oberhalb seines Wasserspiegels lüftet, schon das ist einzigartig in Mitteleuropa.

Und wenn es unbedingt ein Superlativ sein muß: Wir haben hier den längsten Cañon im Zentrum des Kontinents vor uns. Wie das Obere Mittelrheintal ohne die steilen Abstürze seiner Felswände aussähe, läßt die kaum besonders eindrucksvolle Hochfläche oberhalb der Hangkante ahnen. Das Trogtal hier hat nichts Aufregendes. Dennoch ist es die Hauptterrasse des Stroms, auf dem Plateau zeichnen sich mehrere alte Flußtäler schwach ab. Erst am Rand dieses Trogs steigen dann die Höhenzüge auf, linksrheinisch der Hunsrück, rechtsrheinisch der Taunus.

Die angeschnittenen Gesteinsschichten sind größtenteils 405 bis 380 Millionen Jahre alt. Sie entstanden aus Sanden und Tonen, die hier in gewaltigen Mengen und bis zu einer Mächtigkeit von mehr als 10 000 Metern abgelagert wurden. Etwa 70 Millionen Jahre später wurden diese Sedimente zusammengefaltet. Dieser Prozeß ließ sie zum Gebirge aufsteigen, zu einem Gebirge allerdings, das wohl nie Alpenformat erreichte. Außerdem folgte nun eine 250 Millionen Jahre lange Phase der Verwitterung und Abtragung. Vom ganzen Höhenzug blieb nur eine Tiefebene, die knapp oberhalb des damaligen Meeresspiegels lag.

Die Verhältnisse änderten sich im Alttertiär, also zu Beginn der Erdneuzeit. Damals oder doch nur wenig früher setzte die erneute He-

◁ Braubach mit der Marksburg

Anemone sylvestris

Dictamnus albus

bung der sogenannten Rheinischen Masse ein, eine Hebung, die sich in den folgenden Jahrmillionen beschleunigte, beschleunigte stets nach Maßgabe des geologischen Zeitverständnisses.

Nun endlich kommt der Rhein selbst ins Spiel. Zunächst, vor rund 27 Millionen Jahren, existierte wohl nur ein Brohler Rhein, der im Raum der Osteifel entsprang. Wieder sieben Millionen Jahre später verlängerte er sich bis auf Höhe des Kaiserstuhls und hätte damit auch den heutigen Bereich des Oberen Mittelrheins umfaßt. Sehr viel später bildet sich der Strom bis ins Voralpenland aus, vor knapp einer Million Jahren hat er schließlich die Alpen erreicht. Sein Eintreffen im endgültigen Quellgebiet darf demnach als eine wirkliche Rück-Entwicklung gelten.

Bliebe im Fall des Oberen Mittelrheins nur die Frage, warum der Strom keinen bequemeren Weg wählte. Sie trieb übrigens schon Georg Forster um. 1791 grübelte der frühere Weltreisende und spätere Mainzer Republikaner: »Kaum begreift man auf den ersten Blick, warum er lieber zwischen die Felswände von Schiefer sich drängte, als sich in die flachere Gegend von Kreuznach ergoß.« Die Antwort führt in die Erdgeschichte zurück: Es gab schon eine Talung zwischen Binger Pforte und Neuwieder Becken, als das Gebirge selbst noch im Stand der Tiefebene verharrte. Bei ihrer Hebung war der Rhein Gefangener seines eigenen Verlaufs; er mußte wohl oder übel dem vorgezeichneten Weg folgen.

Während das Schiefergebirge die Hebung der Alpen nachvollzog, wurden die Flüsse gezwungen, sich auf ihre tiefer gelegenen Vorfluter immer schneller einzustellen. Bis in den jüngsten Abschnitt der Erdgeschichte konnte der Rhein dabei noch in die Breite, dann aber mußte er in die Tiefe gehen. Dem breiteren Rhein entspricht das erwähnte Plateautal, es begann sich vor etwa 2,2 Millionen Jahren auszubilden. Vor rund 800 000 Jahren setzte dann die äußerst dynamische Tiefenerosion des heutigen Engtals ein, begünstigt noch durch den felssprengenden Wechsel von warmen und kalten Perioden während der Eiszeit.

Ungeachtet der hohen Eintief-Geschwindigkeit hat das Engtal keine glatte Wand, sondern läßt eine horizontale Gliederung erkennen. Das heißt, auch hier sind verschiedene Phasen des Einfräsens nachzuverfolgen. So zeichnen sich Felsbänder und Sporne mehr oder weniger deutlich ab, wenngleich sie den Namen (Mittel-)Terrasse kaum verdienen. Für das Landschaftsbild spielen sie dennoch eine wichtige Rolle: Sie sind bevorzugter Standort für die Burgen. Derart nutzten ihre Erbauer das Erbe der Erdgeschichte, welche die Kulturhistoriker so gerne vernachlässigen.

Weil der heutige Cañon erst seit Beginn des Quartärs entstand, zeigen seine Hänge immer

Bocks-Riemenzunge

Hummel-Ragwurz

noch jugendliches Ungestüm; unausgereiftes Relief nennen das die Geologen. Fällt die Neigung der Hänge zusammen mit der Gesteinsschichtung und durchfeuchten dann noch ergiebige Regenfälle die Felsformation, können schon einmal größere Blöcke abgehen. – Und wenn dieser Gesteinsschlag die Bahnstrecke bedroht, muß die Engtalwand aufwendig gesichert werden, im Zweifelsfall mit einer Spritzbetondecke. Dann hat das UNESCO-Welterbe eine Grauzone mehr – aber das gehört kaum noch zur Erdgeschichte.

Ein Hauch von Mittelmeer: die Pflanzen- und Tierwelt

Das Große Windröschen (*Anemone sylvestris*) ist eine ausgesprochene Blütenschönheit. Zwar ähnelt es vom Blattwerk her dem vertrauten Busch-Windröschen und hat eine gleichfalls weiße, aber eben sehr viel prächtigere Blumenkrone. Außerdem kann es bis zu einem halben Meter hoch werden, ist also auch die insgesamt stattlichere Erscheinung: Das verkleinernde -chen hängt der Art nur gattungshalber an. Um so schmerzlicher, daß dieses Hahnenfußgewächs immer seltener blühte, zu Beginn der 1980er Jahre galt es als »im Rheinland ausgestorben«. Dann freilich wurde die Art ganz nahe der Loreley wiederentdeckt, also keineswegs an einem ausgesprochen entlegenen Standort.

Nun ist das Große Windröschen nicht bloß eine Blütenschönheit. Es liebt die Wärme und spricht insofern lebhaft für Klimagunst am Oberen Mittelrhein. Das Stromtal ist hier zugleich eine Wetterschneise, dank der das milde Oberrheinklima weiter nach Norden wirken kann, allerdings unter dem Protektorat des Schiefergebirges. Vor allem der Hunsrück bildet eine Barriere, die Niederschläge fernhält und höhere Temperaturen ermöglicht. Der Lenz beginnt hier früher, der Herbst bietet dem Winter lange die Stirn. Der ist zwar trocken, aber verhältnismäßig kalt. Insgesamt herrscht am Oberen Mittelrhein eher kontinentales Klima, an der Binger Pforte deutlicher als in Koblenz. Andererseits kann durch steil eingekerbte Seitentäler von den Höhen her ein ozeanisch geprägtes Wettergeschehen bis hart an die Stromaue vordringen.

Das Zusammenspiel von Untergrund und Klima bestimmt denn auch die wertvollsten Lebensräume im Welterbe. In den flachgründigen Oberlagen der Hänge können sich allenfalls lichte Waldbestände bilden, die Bäume neigen zum Krüppelwuchs. Dafür wachsen hier Gehölze, die in der Umgebung nur sehr selten oder gar nicht anzutreffen sind. Zu ihnen zählen die Elsbeere (*Sorbus torminalis*) und der verwandte, kulturgeschichtlich interessante Speier-

Smaragdeidechse

ling (*S. domestica*), Baum des Jahres 1993. Er soll am Oberen Mittelrhein zu den bodenständigen Arten gehören, während die nördlicheren Vorkommen wohl auf Anpflanzungen durch die Römer zurückgehen.

Leitpflanze dieser Trockenwälder aber ist neben der zähen Traubeneiche der südliche Felsahorn, auch Französischer Maßholder (*Acer monspessulanum*) genannt. In den Säumen wächst der Diptam (*Dictamnus albus*). Seine Familienangehörigen haben ihre Heimat großenteils in den Tropen, seine Verwandtschaft zur Gattung Citrus läßt sich vor allem während der Blütezeit erriechen. Die – überdies äußerst attraktive – Blumenkrone betört durch einen starken Zimt-Zitronenduft. Denn sie verfügt über einen beachtlichen Fonds an ätherischen Ölen. Kein geringerer als Carl von Linné notierte 1780: »Die Ausdünstungen dieser Pflanze sind entzündlich. Wenn man daher im Sommer an einem finstren Ort das Licht unter den Diptam hält, so sieht man plötzlich eine Flamme entstehen, die sich über die ganze Pflanze ausbreitet.«

Noch trockenere Standorte als die Felsahorn-Traubeneichen-Gesellschaft besiedelt ein Gebüsch, in dem die sonnenhungrige Steinweichsel oder Felsenkirsche (*Prunus mahaleb*) den Ton angibt. Eher Strauch als Baum, enthält sie in allen Teilen Cumarin, duftet also nach Waldmeister. Deshalb war Weichselkirsche früher ein beliebtes Pfeifenholz, es sparte wohl die Aromatisierung des Tabaks. Das mochte Geschmackssache sein. Aber an der Weichselkirsche legt der majestätische Segelfalter (*Iphiclides podalirius)* seine Eier ab, von ihren – und hier nur von ihren – Blättern nähren sich die Raupen. Der größte und vielleicht schönste einheimische Schmetterling ist äußerst selten, die Rote Liste der Bundesrepublik nennt ihn stark gefährdet.

Große Neugier der Biologen wecken am Oberen Mittelrhein immer wieder die augenfälligsten Partien, also der Fels selbst, fast hätten wir gesagt der nackte Fels. Nur ist der eben keineswegs frei von allem Grün. Das fängt bei den teils sehr raren Flechten an und endet keineswegs bei Moosen oder seltenen Farnen wie dem wärmebedürftigen Schrift-Farn (*Asplenium ceterach*). Vielmehr wachsen in Spalten, auf den Bändern und im Felsgrus krautige Pflanzen, von denen manche zu den ganz großen Kostbarkeiten der Republik gehören. Die Faszination des Naturraums Oberer Mittelrhein gründet wesentlich darauf, daß etliche Arten hier die Nord-, West- oder auch Ostgrenze ihres Verbreitungsgebiets erreichen. An den Steilhängen begegnen sich Pflanzen, die zwar nicht geradezu Welten trennen, die aber in völlig anderen Florengebieten zu Hause sind. Wenn jetzt noch die Eiszeitüberbleibsel hinzugerechnet werden, zeigen sich die Felsstandorte als Lebensraummosaik, das hierzulande kaum noch seinesgleichen hat.

Zu den prominenten Glazialrelikten gehört zweifellos die rotblütige Pfingst-Nelke (*Dianthus gratianopolitanus*), sie hat es sogar zu Zierpflanzenehren gebracht. Eine ebenfalls imposante Art ist die Echte Hauswurz (*Sempervivum tectorum*). Ihr Name verrät die Nähe zum Menschen, der dieses Dickblattgewächs früher auf Dächern pflanzte, im unerschütterlichen Glauben an seine Blitzabwehrkräfte. Die Bodenständigkeit im Gebiet blieb denn auch lange umstritten, heute gilt die echte Hauswurz zumindest an ungestörten Standorten als einheimisch. Ebenfalls seit der Eiszeit behauptet sich das Brillenschötchen (*Biscutella laevigata*), seine gelben Blütenpolster setzen auf den Felsen besonders lebhafte Akzente.

Von Osten dringt das schon genannte Große Windröschen bis an den Oberen Mittelrhein vor. Und endlich ist hier auch Gelegenheit, die Gräser wenigstens stellvertretend zu würdigen: Das hoch aufgeschossene (bis 80 Zentimeter) Grauscheidige Federgras (*Stipa pennata*) ist nicht nur selten, sondern auch von erlesener Eleganz. Als auffälligstes Element des subatlantischen Florenbezirks erreicht die Stinkende Nieswurz (*Helleborus foetidus*) gerade noch den Mittelrhein. Sie blüht außerordentlich früh, in milden Jahren schon Ende Januar, Anfang Februar.

Die meiste Aufmerksamkeit genießen seit je die Pflanzen, deren Verbreitungsschwerpunkt viel weiter im Süden liegt. Etliche, wie die schon genannten Felsenahorn, Felsenkirsche oder Speierling, reichen nicht oder kaum weiter über das Mittelrheingebiet nach Norden hinaus. Auch der botanische Charakterkopf des Kugel-Lauchs (*Allium sphaerocephalon*) fehlt rheinabwärts. Während er eher in den ursprünglichen Trockenrasen zu Hause ist, wachsen die Orchideen häufiger in aufgelassenen, vergrasten Rebhängen. Wo Löß aufliegt, gedeihen noch viele Arten dieser insgesamt gefährdeten Gattung. Ihre oft hinreißend schönen Blüten ziehen die Hobby-Fotografen geradezu magisch an. Das prächtige Helm-Knabenkraut (*Orchis militaris*) findet sich neben der geruchsintensiven Bocks-Riemenzunge (*Himantoglossum hircinum*), und manchmal prangt sogar die Blumenkrone der Hummel-Ragwurz (*Ophrys holosericea*) in fast schon exotischer Üppigkeit.

Überhaupt können sich ungestörte Standorte mit denjenigen ergänzen, die durch den Weinbau geschaffen wurden, wohlgemerkt durch den traditionellen, nicht den flurbereinigten. Die (Westliche) Smaragdeidechse (*Lacerta bilineata*) hat jedenfalls die Ersatzbiotope angenommen. Ihr tiefgrün gefärbtes Männchen ist zweifellos das attraktivste Tier am Oberen Mittelrhein, bis zu vierzig Zentimeter kann diese mediterrane Echse groß werden. Insgesamt vom Aussterben bedroht, besitzt sie hier das individuenstärkste Vorkommen bundesweit. Die Art sucht sich die wärmsten Plätze an den Steilhängen, gilt geradezu als Zeiger für die besten Weinbaulagen. Unter den Reptilien ist sie die prominenteste, doch auch Mauereidechse (*Podarcis muralis*) und Schlingnatter (*Coronella austriaca*) finden am Oberen Mittelrhein noch geeignete Lebensbedingungen, während sie laut Roter Liste bundesweit stark gefährdet sind.

Es ließen sich noch einige Pflanzen und Tiere nennen, die im Welterbe nördliche Vorposten haben. Und es gibt sogar ein Gewächs, das auf dem ganzen Globus ausschließlich in der Gegend um Boppard vorkommt. Genaugenommen ist die nach der Stadt benannte Schleifenblume (*Iberis linifolia ssp. boppardensis*) nur eine Unterart und während der letzten Jahrzehnte immer seltener geworden. Aber wenn ihre Blüten im Juli die Schieferhalden mit einem zarten Lila überziehen (es gibt freilich auch eine weiße Variante), bieten sie selbst von fern eine seltene Augenweide.

Nur darf über der Bildwirksamkeit einzelner Arten eben nicht vergessen werden, daß sie immer an bestimmte Lebensräume gebunden sind. Die können sich auf den ersten Blick recht ähnlich sehen und doch ziemlich verschieden sein. Eine markante Pflanzengemeinschaft bilden am Mittelrhein die sogenannten Blockschuttwälder. Zu ihren Leitarten gehören Sommer-Linde und Berg-Ahorn, diese beiden Bäume prägen ebenfalls den Schluchtwald der tief eingekerbten Rheinseitentäler. Nur setzt der Blockschuttwald trocken-warme Verhältnisse voraus, der Schluchtwald eher feucht-kühle. Er besiedelt jene Kerbtäler, die von den Höhen her ins Rheintal münden. In einem wächst sogar die Weiße Pestwurz (*Petasites albus*), eine Art mit präalpinem Verbreitungsschwerpunkt.

Segelfalter

Gerade diese Vielfalt der Lebensräume ist Basis für eine grandiose Artenvielfalt, die hierzulande sonst kaum mehr erreicht wird. Und dabei haben wir noch gar nicht vom Strom selbst gesprochen. Freilich, die prächtigen Weich- und vor allem Hartholzwälder seiner Auen sind bis auf kümmerliche Reste verschwunden oder fanden allenfalls auf den Inseln Asyl. Dafür tut sich im Strom Erfreuliches. Seine Wasserqualität ist inzwischen wieder so gut, daß alle Fische dort leben können, die den Rhein einst bevölkerten, aber an seiner Verschmutzung zugrunde gingen. Der Lachs (*Salmo salar*) hatte seine berühmtesten Fanggründe unterhalb der Loreley, und nicht nur die Internationale Kommission zum Schutz des Rheins hofft, daß er wieder im Rhein heimisch werden wird. Das immerhin ist eine gute Nachricht, wenngleich an der Wasser-, vor allem aber an der Gewässerqualität immer noch hart gearbeitet werden muß.

Die kulturhistorische Klammer: der Weinbau

Viel war die Rede von den bedrohlich steilen Talhängen, Gesteinsklippen finden sich auch im Wasser. Der Obere Mittelrhein bot gefahrvolle Passagen genug. Schon an der Binger Pforte machten die Quarzitriffe der Schiffahrt schwer zu schaffen, die Loreley »als Fee und Felsen« verdankt ihren Aufstieg zum Leitmythos der Rheinromantik den tückischen Untiefen. Und an dem spektakulär schmalen Ufersaum leiden die Bewohner noch heute. Siedlungsfeindlichkeit heißt das Stichwort, zu ihr gehören neben dem Baugrundmangel der Verkehrslärm von Rheinuferstraße und Eisenbahntrasse.

Dennoch gaben die Verhältnisse keineswegs nur Grund zur Klage: Der Strom bot dank seines Fischreichtums eine wirtschaftliche Alternative, die Hänge forderten eine weinbauliche Nutzung geradezu heraus. Rebzeilen haben das Bild der Landschaft entscheidend geprägt – übrigens unabhängig davon, ob sie dem Schönheitsempfinden nun entsprachen oder nicht. Der schon genannte Georg Forster jedenfalls sah sie mit anderen Augen als wir das heute tun: »Der Weinbau gibt wegen der krüppelhaften Figur der Reben einer jeden Landschaft etwas Kleinliches, die dürren Stöcke, die jetzt von Laub entblößt, und immer steif in Reih' und Glied geordnet sind, bilden eine stachliche Oberfläche, deren nüchterne Regelmäßigkeit dem Auge nicht wohl tut.«

Die ersten Zeugnisse vom Weinbau am Oberen Mittelrhein stammen aus 7. und 8. Jahrhundert. Das sind frühe Belege, aber doch jüngere als die für den unteren Stromabschnitt oder die Mosel, deren Rebkulturen schon römische Schriftsteller priesen. Bahnbrechend wirkte im Engtal die Technik der Terrassierung, die sich etwa ab 1150 durchsetzte. Diese horizontale Gliederung der Steilhänge bot zum einen der Bodenerosion Widerstand, zum anderen wirkten die Trockenmauern als zusätzliche Wärmespeicher. Sie erst ermöglichten eine wirtschaftliche Nutzung des Rheinengtals wie der Seitentäler – ganz abgesehen davon, daß sie das Landschaftsbild wesentlich prägten.

Die frühen Winzer bevorzugten gen Süden gekehrte Berglehnen, doch bald wurden auch südwestlich und südöstlich exponierte Hänge erschlossen, später sogar windgeschützte West- und Ostlagen. Die Forschung datiert die erste Blütezeit des Weinbaus ins 14. Jahrhundert, seine Hochphase erreichte er im ausgehenden Mittelalter, sie dauerte bis in die Zeit um 1600.

Loreley-Felsen bei St. Goarshausen

Weinlandschaft im Frühling

Hauptförderer und -abnehmer war zunächst die Geistlichkeit, dann aber sprachen auch breitere Volksschichten dem Wein zu, der zwar nicht wie, aber doch anstelle von (dem oft verseuchten) Wasser getrunken wurde. Im Spätmittelalter lebten die meisten Menschen am Oberen Mittelrhein auf die eine oder andere Weise vom Weinbau.

Die Anpflanzung einer Riesling genannten Rebsorte ist für 1534 belegt. Allerdings dürfen dem Getränk selbst keine heutigen Qualitätsmaßstäbe zugemutet werden. Überdies kam viel Würzwein in den Handel, und die teils drastischen Zusätze hatten sicher nicht nur mit dem Zeit-, sondern auch mit dem Weingeschmack zu tun. Als Spezialität galt der Feuerwein, den sie in der Gegend um Bacharach herstellten. Während der Gärung wurde dem Most eingeheizt, das Endprodukt imponierte dem Gaumen durch Wucht und Süße. Ungeachtet dessen genoß der Bacharacher Wein einen guten Ruf, die Stadt war auch im Besitz eines wichtigen Weinstapels. Eine bedeutende Rolle spielte ebenfalls die Verkehrsgunst, schließlich lag die Region an der wichtigsten Wasserstraße Europas.

Ein deutlicher Niedergang des hiesigen Weinbaus setzte im Gefolge des Dreißigjährigen Krieges ein, Anfang des 20. Jahrhunderts kam es zu einem starken Rückgang der Rebfläche. Mehrere Faktoren spielten hier zusammen, neben dem Schädlingsbefall die Ansiedlung neuer Industrien mit neuen Arbeitsplätzen besonders am rechten Rheinufer. Die immer kleineren Parzellen taten ein übriges zur Unwirtschaftlichkeit, und so klafften Ruf und tatsächliche Bedeutung der Mittelrheingewächse bald weit auseinander.

Nun ist Weinbau ohnehin Knochenarbeit, und an den Steilhängen des Oberen Mittelrheins ist er es allemal. Immerhin sind heute 92 Prozent der verbliebenen, spärlichen Fläche flurbereinigt, diese Zusammenlegung verändert das Landschaftsbild, verbessert aber die Bedingungen für die einzelnen Winzer.

Den Burgen eine Gasse – Wehranlagen am Oberen Mittelrhein

Nach dem Loreley-Felsen ist der Binger Mäuseturm die Rhein-Lokalität mit dem dichtesten Sagenschleier: Letzter Zufluchtsort des Mainzer Erzbischofs Hatto, bot ihm der Turm doch keinen Schutz vor dem unabsehbaren Heer der Nager, das den hartherzigen und gottlosen Kir-

Mäuseturm und Burgruine Ehrenfels bei Bingen

▷ Festung Ehrenbreitstein, darunter das Dikasterialgebäude

Schönburg und Pfarrkirche Unserer Lieben Frau von Oberwesel

▷▷ Pfalzgrafenstein und Burg Gutenfels bei Kaub

Blick von Burg Ehrenfels auf den Rhein bei Rüdesheim

chenfürsten bei lebendigem Leibe vertilgte. Tatsächlich war der Mäuseturm ein Maut-, also ein Zollturm. Und anders als die imposante Überlieferung erwarten läßt, steht er nicht in luftiger Höhe, sondern am, besser im Rhein, ist mehr oder weniger ein linksrheinischer Ausläufer der rechtsrheinischen (Rüdesheimer) Burg Ehrenfels. Im Gegensatz zur ruinösen Wehranlage präsentiert er sich wohlerhalten, ja frisch gelbrot getüncht – nur eben mehr als Bauwerk des 19. Jahrhunderts. Damals wurde der Turm zwar neogotisch herausgeputzt, mußte aber (seit 1855) ganz prosaisch einen Signalturm für die Rheinschiffahrt abgeben.

Freilich ändert auch ein vielberaunter Mäuseturm nichts daran, daß sich die rheinromantische Begeisterung an den Höhenburgen entzündet. Ihre Trümmer scheinen, fast im Sinne einer Nobilitierung, zur Landschaft gehörig. Am Oberen Mittelrhein drängen sich beinah vierzig Wehranlagen links und rechts der sechzig Stromkilometer. Bereits die bloße Menge fordert die Frage nach der Entstehung heraus, eine Frage, die sich nicht bündig beantworten läßt. Denn das Bild einer geschlossenen ›Burgenlandschaft‹ täuscht.

Am Anfang steht Ehrenbreitstein. Tatsächlich eine Höhenburg, wurde sie um 1020 von den Trierer Erzbischöfen sozusagen auf Vorrat erworben, hatte Trier doch gerade die Vogtei über das aufstrebende Koblenz gewonnen. Weitere Wehranlagen entstanden damals nur am südlichen Ende des Welterbes, nämlich in Rüdesheim. Und sie lagen am Rhein, lagen innerhalb des Gemeinwesens. So zeugen sie von der Wirtschaftskraft Rüdesheims, die sich nicht zuletzt seiner Lage gleich oberhalb der Binger Pforte verdankt.

Aber die Rüdesheimer Wehranlagen waren eben keine Höhenburgen, im Unterschied zur Sterrenberg bei Kamp-Bornhofen. Vor 1110 gegründet, wurde hier ein Reichszoll erhoben. Die Mautstelle ging auf das Bopparder Königsgut zurück, das historisch keine geringe Rolle spielte. Die Sterrenberg, damals noch ohne ›feindlichen Bruder‹, lag allerdings Boppard gegenüber auf dem anderen Rheinufer.

Schon diese frühen Beispiele zeigen, wie wenig sich die Burgen am Oberen Mittelrhein über einen Kamm scheren lassen, jedenfalls von ihren Entstehungsbedingungen her. Bis etwa 1140 war die Zahl der Burgen am Oberen Mittelrhein keineswegs auffällig hoch. Und selbst zur Staufer-, also zur Blütezeit des Burgenbaus, kann anfänglich von Gründungsfieber nicht die Rede sein. Aber jetzt trennten sich Wehranlage und Siedlung, die Burg strebte in die Höhe, auch was ihre Ausmaße anging: Ein Bergfried überragte die ohnehin hohe Burg noch einmal. Er gehörte nebst einem Wohngebäude zum Kern jeder Feste, die eine Ringmauer umgab. Wesentliche Neuerung im 12. Jahrhundert war der Zwinger. Er zwang den Feind in einen gemauerten Gang vor der Burg, der sich verengte und für den Angreifer kaum Bewegungsspielraum ließ.

Eine der beeindruckendsten Burgen aus dieser Zeit ist die Stahleck über Bacharach. Ihr trutziges Aussehen verdankt sie freilich nicht den ursprünglichen Erbauern, sondern einer viel späteren sukzessiven Wiederannährung an ihr Erscheinungsbild. Immerhin stammt der untere Teil des Bergfrieds noch aus der Zeit um 1135, 1965–67 wurde er auf seine volle Höhe geführt, wenngleich in verringerter Mauerstärke. Vierzig Jahre zuvor waren Ring- und Schildmauer rekonstruiert worden, damals kam auch das Wasserbecken als Halsgrabenersatz wieder zu seiner eigentümlichen Geltung. Gleichzeitig wurden die vorhandenen Grundmauern im Burgbezirk zur Errichtung einer Jugendherberge genutzt.

Erst um 1200 setzte am Oberen Mittelrhein eine stärkere Burgenbautätigkeit ein, nun entstand auch Gutenfels über Kaub. Sie besitzt den einzigen romanischen Palas im Welterbe, der noch das Prädikat authentisch beanspruchen kann. Überdies zeigt Gutenfels die Versetzung des Bergfrieds an die schwache, die bedrohte Feldseite, nachdem er zuvor meist im Rückraum einer Burg errichtet worden war. Er diente damit nicht mehr als letzte Zuflucht der Verteidiger, sondern erhielt eine deutlich offensivere Funktion.

Gutenfels fordert zu einem Zeitsprung heraus, denn sie hängt mit dem Kauber Pfalzgrafenstein eng zusammen. Diese Zollburg war der Gutenfelser Amtsnachfolger, kein geringerer als König Ludwig der Bayer ließ 1326/27 ihren sechsgeschossigen Fünfeckturm auf einer Felsrippe errichten. Gut ein Jahrzehnt später kommt die Mauer hinzu, ihr gelängtes Sechseck erinnert an die Form eines Schiffes. Noch um 1610 wurde der Pfalzgrafenstein ausgebaut. Daß die Anlage mit ihrem effektvollen Dach/Erkerensemble fast unzerstört erhalten blieb, darf als besonderer Glücksfall gelten.

Die einzige nie zerstörte Höhenburg am Oberen Mittelrhein ist die Marksburg über Braubach; etwa zur gleichen Zeit wie Gutenfels errichtet, führt sie auch ins historische Kontinuum zurück. Die Wehranlage ist heute Sitz der

MARKE

Pergolagarten in Schloß Stolzenfels

Deutschen Burgenvereinigung und ein vielbesuchtes Museum mit angeschlossenem Burggarten. Neben dem mächtigen Bergfried bestimmt ein Kapellenturm ihre markante Silhouette, beide aus der ersten Hälfte des 13. Jahrhunderts. Der (erneuerte) Palas bildet die eine Längsseite eines fast gleichschenkligen Dreiecks. So ist die Marksburg auch Beispiel für das augenfällige Bemühen ums Regelmaß zur Stauferzeit.

Gegen Ende des 12. Jahrhunderts wird die Sterrenberg ausgebaut, später entsteht das repräsentative Wohngebäude an der Nordostecke. Ihre unmittelbare Nachbarschaft zu Liebenstein, vor allem aber die zweite, deutlich jüngere Schildmauer trug wesentlich zum einprägsamen Erscheinungsbild bei, das der Volksmund mit dem Etikett ›Feindliche Brüder‹ bedachte. Von Bruderschaft kann freilich keine Rede sein: Als ihr ursprünglicher Sitz 1320 ganz an Kurtrier fiel, wichen die Sterrenberger nach Liebenstein aus. So hatten sie allen Grund, diese Burg wehrtechnisch zu ertüchtigen, während Trier an demonstrativer Abgrenzung gelegen war. – Eine ähnlich prekäre Nachbarschaft scheint der Doppelname Katz und Maus festzuhalten. Beide Burgen liegen auf der rechten Rheinseite über St. Goarshausen. Aber die eigentliche Katz ist Burg Rheinfels auf der linken Stromseite über St. Goar. Um 1250 entstanden, wurde sie im 14. Jahrhundert durch die Katzenelnbogener prächtig ausgebaut, die prunkvolle Residenz der Niedergrafschaft entsprach dem mäzenatischen Ehrgeiz der Burgherren. Von etwa 1500 bis 1580 rüsteten die Landgrafen von Hessen sie zu einer unbezwingbaren Festung hoch, und so ist Rheinfels heute eine der großartigsten Burgruinen am Oberen Mittelrhein (Abb. S. 97).

Der Rheinfels gilt 1353 die Gründung von Burg Maus, auch sie zeitweise eine Residenz, diesmal der Trierer Erzbischöfe. Sie teilte das Ruinenschicksal fast aller Rheinburgen, erstand aber Anfang des 20. Jahrhunderts wieder. Burg Katz, nur wenig stromaufwärts gelegen und kurz nach 1370 errichtet, muß korrekt Neukatzenelnbogen heißen, die Qualität ihres Wiederaufbaus 1896–99 bleibt allerdings hinter der von Burg Maus zurück (Abb. S. 98).

Mit Katz und Maus haben wir jedoch die Zeit der Staufer schon weit hinter uns gelassen. Als nach 1250 die Reichsautorität verfiel, kam es am Oberen Mittelrhein zur eigentlichen, fast inflationären Entwicklung im Burgenbau. Nicht mehr nur das Reich oder die großen Reichsfürsten stellten hier ihre Macht heraus, sondern auch Angehörige des niederen Adels wollten jetzt Zeichen setzen. Ein solches Zeichen veranlaßte den benachbarten Territorialherrn, seinerseits nicht zurückzustehen, und so weiter. Das trieb natürlich auch den Ausbau alter Wehranlagen voran, etwa der Schönburg über Oberwesel. Bereits 1149 genannt und zwanzig Jahre später Reichsburg, gehört sie zu den eindrucksvollsten Burgen am Mittelrhein. Wohl schon im 13. Jahrhundert teilen sich mehrere Familienzweige in das Areal, die sogenannte Ganerbenburg hat nicht weniger als drei Burggruppen. Äußerst wehrhaft wirken die Schildbogenmauer, der ›Hohe Mantel‹ im Süden, und der quadratische, 25 Meter hohe Torturm.

Repräsentative Beispiele für den gotischen Burgenbau entstanden bis an die Schwelle zur Neuzeit. Dann, angesichts der neuen Feuerwaf-

◁ Der große Rittersaal in Schloß Stolzenfels bei Koblenz

Blick über die Schloßkapelle von Stolzenfels auf das Rheintal

fen, konnten die Wehranlagen endgültig keine militärischen Zwecke mehr erfüllen – ganz abgesehen davon, daß ihre adligen Besitzer sie auch wegen gestiegener Ansprüche an den Wohnkomfort mieden. Die Burgen verfielen, von der eben genannten Schönburg wurde schon 1531 berichtet, daß sie in desolatem Zustand sei. Neue Bauten zitierten nur noch Elemente der Burgenarchitektur, hatten sonst aber Schloßcharakter. Und vor allem lagen sie im Tal, weil dort einfach mehr Platz war.

Der Pfälzische Erbfolgekrieg zu Ende des 17. Jahrhunderts besiegelte nach landläufiger Überzeugung das Schicksal der rheinischen Burgen. Als die Franzosen das Mittelrheingebiet aufgeben mußten, schleiften sie fast alle Wehranlagen. Nur war das ein mehr demonstrativer Akt. Er dynamisierte den Verfallsprozeß, hat ihn aber keineswegs verursacht.

Die Revitalisierung vollzog sich unter dem Horizont der Romantik. Das Leitzitat stammt von Preußens späterem König Friedrich Wilhelm IV.: »Bei Ehrenfels, Pfalzburg und all den tausend göttlichen Burgen und Felsen […] vorbei, ich war matt vor Seligkeit.« Auch andere Hohenzollern-Prinzen begeisterten sich für die Rheinburgen, boten sie doch ganz en passant die Möglichkeit, für das neue Preußen eine mittelalterliche Tradition zu behaupten. Zwar blieb mancher Wiederaufbauplan unausgeführt, doch wurden immerhin die Überreste gesichert. Nach 1850 aber war die (romantische) Ruinenmelancholie überholt. Immer mehr Wehranlagen wurden »restauriert«. Während das Landschaftsbild der Moderne mit dem Eisenbahnbau unübersehbar Tribut zollte, wurde das »alte« Rheintal als Sehnsuchtslandschaft neu fixiert.

Die erste von drei »preußisch-erneuerten« Burgen ist Rheinfels (genauer ihr Nordbau), zu der Schinkel die Entwürfe zeichnete. Dann folgen Stolzenfels und ab 1843 Sooneck, sie sollte als Jagdschloß dienen. Aber die spektakulärste Auferstehung aus Ruinen feierte Stolzenfels südlich von Koblenz. Zunächst war über dem linken Rheinufer eine viel bescheidenere Anlage vorgesehen, doch seit 1835 entstand ein grandioses Palais mit allen Raffinessen zeitgenössischer Wohnkultur. Auch hier hatte Schinkel die Entwürfe geliefert, nach seinem Tod 1845 führte August Stüler das Werk des Lehrers weiter.

Ehrenbreitstein stand am Anfang, sie soll auch am Ende stehen. Allerdings haben sich von der frühesten Wehranlage, wie übrigens auch den hoch- und spätmittelalterlichen Nachfolgern, kaum Spuren erhalten. Denn der Ausbau zur Festung begann schon im ersten Viertel des 16. Jahrhunderts, eng verbunden damit entstand die erztrierische Residenz Philippsburg zu ihren Füßen. An diesem Sitz der Kurfürsten wirkte Balthasar Neumann mit, auf seine Pläne geht auch das erhaltene Dikasterialgebäude zurück.

Nachdem die Festung 1801 von den Franzosen völlig zerstört worden war, begann schon 1815 der Wiederaufbau. Dieses eindrucksvolle, monumentale Bollwerk prägt heute noch das Bild des Bergrückens gegenüber der Moselmündung. Es schien so abwehrstark, daß die Siegermächte nach dem Versailler Vertrag seine völlige Zerstörung anordneten. Letztendlich verschwanden nur ein paar Vorwerke. Aber dank Ehrenbreitstein führt die aktive Geschichte des Wehrbaus am Mittelrhein bis ins 20. Jahrhundert.

Städtebilder

Für heroische Motive war die Landschaft zuständig, für Idyllen die Städtchen. Ähnlich wie die Burgen sind sie am Oberen Mittelrhein zahlreich vertreten, und zur Anziehungskraft der Region trugen sie entscheidend bei. In malerischen Fachwerkgassen spielen die Genreszenen, und noch in den vierziger Jahren konnten die Fotografen Ortsbilder ablichten, die heute wie ihr eigenes Klischee wirken. Viele, auch substantielle Verluste hat es seither gege-

Fachwerkhäuser am Marktplatz von Rhens

▷ Brömser Hof in Rüdesheim

Blick auf den Weinanbau und die Wernerkapelle von Bacharach

1368
Altes Haus
WEIN-HAUS
ALTES HAUS

Rheinschleife bei Boppard

ben. Dennoch prägt das Fachwerk immer noch Orte wie Rhens, Braubach, Bacharach oder Spay. Von höchst dekorativer Wirkung sind vor allem die Fenstererker, von eindrucksvoller Schönheit die erhaltenen Rathäuser aus dem 16. und 17. Jahrhundert, genannt seien nur Oberlahnstein oder Rhens, während das übers Stadttor gebaute Rathaus von Filsen geradezu kapriziös anmutet.

Natürlich fehlen auch die repräsentativen Steinbauten nicht, aber insgesamt prägen sie die Stadtbilder weniger. Herschaftliche Adelshöfe stehen vor allem in Rüdesheim und Boppard, also Orten mit ausgesprochener Zentrumsfunktion. Wenn Mauerwerk gleich ins Auge fällt, dann dank der Umwehrungen. Eindrucksvolle Türme und Tore blieben recht häufig erhalten, fast vollständige Beringe finden sich noch um Oberwesel und Bacharach. Häufig sind diese Stadt- mit den Burgmauern verbunden, sprechende Zeugnisse auch der engen Beziehung zwischen Gemeinwesen und Adelssitz.

Oft, allzu oft wurde ein solches Erscheinungsbild als heimelig aufgefaßt, und später haben sich besonders die Rüdesheimer Bauherren beeilt, mit folkloristischen Fassaden dieser Rezeption Vorschub zu leisten. Am Oberen Mittelrhein konnten sich die Nostalgiker mit den geringen Ausmaßen der Ortschaften rechtfertigen. Doch bekanntlich ist die Ungunst des Geländes Hauptursache für die Kleinheit, der schmale Ufersaum ließ wenig Raum. Außerdem zwang er zur langgestreckten Besiedlung. Meist sind es nur zwei Straßen, die diese Gemeinwesen von Norden nach Süden parallel durchziehen.

Etwas mehr Platz schaffen die Schwemmkegel im Mündungsbereich der Nebenflüsse. (Deshalb bildet im rechtsrheinischen Süden des Welterbes allein Lorchhausen eine größere Siedlung: hier trifft die Wisper auf den Strom.) Wo markantere Täler in den Hunsrück und Taunus führen, bietet sich überdies Gelegenheit, die Siedlungen nach dort ausgreifen zu lassen. So erklärt sich die Hakenform der historischen Ortsbilder. Und nicht zufällig liegt mit Boppard das bedeutendste Gemeinwesen innerhalb des Welterbes an der größten Rheinschleife: Der weite Schwung schuf eine breitere Niederterrasse am Gleithang.

Fachwerkhaus in Bacharach

Schnitzaltar in der Pfarrkirche St. Martin von Lorch

Trotz ihrer geringen Dimensionen haben die Ortschaften am Strom urbanen Charakter, der sie von den kaum kleineren Dörfern auf der Höhe deutlich unterscheidet. Und als einstige Verwaltungszentren können etwa Kaub und Bacharach noch heute Amtsgebäude wie Münze oder Kellerei vorweisen. In Bacharach überlebte auch die Zollbastion – als Kapuzinerkloster. Überhaupt besitzt dieser Mittelpunkt des Viertälergebiets das besterhaltene Stadtbild am Oberen Mittelrhein. Die Oberstraße ist mit ihrem dichten Denkmälerbestand ein wirkliches Kleinod.

Aber den interessantesten Stadtkern hat vielleicht doch Boppard. Seine römerzeitlichen Wurzeln legen die außergewöhnlich gut bewahrten Überreste des Kastells offen. Von der mittelalterlichen Umwehrung stehen ebenfalls noch bedeutende Teile; sie schützte auch drei Adelshöfe, unter denen der Schwalbacher hervorsticht. Und obwohl die allfälligen Stadtbrände des 19. Jahrhunderts den Fachwerkhäusern besonders zusetzten, reichen die erhaltenen doch bis ins 16. Jahrhundert zurück.

Oberwesel hat Boppard die vollständiger erhaltene Umwehrung voraus, und bei allen Verlusten behielt das Ortsbild dieser zwischenzeitlich Freien Reichsstadt doch seine Geschlossenheit. Aber auch weniger berühmte Mittelrheinorte verfügen über mehr als den einen oder anderen Fachwerkbau. Stellvertretend sei Osterspay genannt, dessen historisches Zentrum wirklich noch rheinromantische Anmut ausstrahlt. Das läßt sich leider nur noch eingeschränkt von Lorch behaupten, seine Rheinfront wirkt durch einen Hotelrohbau geradezu entstellt. Überdies wurde das benachbarte Hilchenhaus stark beeinträchtigt. Dabei zählt der Renaissance-Adelssitz zu den bedeutendsten Profanarchitekturen im Welterbe.

Alles in allem fällt die hohe Qualität vieler Kirchenbauten stärker ins Gewicht, selbst wenn das große Koblenz (vorläufig) ausgeklammert bleibt. Auf der kurzen Rheinstrecke findet sich ein eindrucksvoller Bestand an erlesener Sakralarchitektur und -ausstattung. Die ehemalige Bopparder Stiftskirche St. Severus hält sogar ihren spätantiken Ursprung gegenwärtig. Diese eindrucksvolle spätromanische Emporenbasilika entstand nur wenig früher als die Bacharacher Peterskirche. Hier wurde aus der Not eines kleinen Bauplatzes die Tugend einer dicht komponierten Architektur gemacht, die durch ihre fast malerischen Effekte imponiert.

Dagegen fehlt den Hauptbauten des (gotischen) 14. Jahrhunderts alle Verspieltheit. Was nicht heißt, daß die luzide Klarheit, ja Strenge des Baukörpers eine reiche Ausstattung verhindert hätte. Sind es in Boppard vor allem das Chorgestühl und das Renaissance-Grabmal des Johann von Eltz, so in Oberwesel der Lettner und das Wunderschnitzwerk des Hochaltars. Großartige Schnitzarbeit zeigt ebenfalls jener 14 Meter hohe Schreinaltar, der in Lorchs

Rochuskapelle in Bingen

Pfarrkirche St. Severus in Boppard ▷

Stiftskirche St. Kastor in Koblenz

Pfarrkirche St. Martin alle Blicke auf sich zieht. Laut Inschrift wurde er 1483 geschaffen und ist wohl der erste ungefaßte Schnitzaltar Deutschlands.

Damit sind wir in der Spätgotik, deren repräsentatives Baukunstwerk die ehemalige Stiftskirche von St. Goar ist, genauer ihr Langhaus. Emporen irritieren den Eindruck der lichten Halle etwas, aber eben sie geben dem Gotteshaus einen ganz eigenen Charakter. Außerdem hat es die bedeutendste Ausmalung im Welterbe.

Auch ein Parforceritt wie dieser darf eine Andachtsstätte der frühen Gotik nicht unterschlagen, selbst wenn sie nur noch als Ruine steht. Die Wernerkapelle in Bacharach fand das besondere Interesse der Romantiker, die in ihr eine Art Paradigma deutscher Kunst sahen. Der wundervolle Bau heißt nach einem sogenannten Volksheiligen, einem Jungen, der einem jüdischen Ritualmord zum Opfer gefallen sein sollte. Er zeigt wie nebenbei, daß sich edelste Baugesinnung und Barbarei keineswegs ausschließen.

Koblenz

Am nördlichen Rand des Welterbes liegt seine bei weitem größte und die geschichtsträchtigste Stadt. Schon jenseits des Engtals mündet hier die Mosel in den Rhein, dem Zusammenfluß verdankt Koblenz (Confluentes) den Namen. Leider hatte die jüngste Nachwelt für die grandiosen Zeugnisse dieser Geschichte nur ein Achselzucken übrig. Selbst die schweren Verluste im Zweiten Weltkrieg können die späteren Anschläge auf das Stadtbild nicht rechtfertigen.

Trotz alledem: Was erhalten blieb, rechtfertigt die besondere Würdigung. Der römische Kern, nicht am linken Rhein-, sondern am rechten Moselufer gelegen, läßt sich immerhin erschließen, die mittelalterliche Stadtumwehrung respektive ihr barocker Ausbau wenigstens an Rhein und Mosel nachverfolgen. Die leidige Festungshistorie blieb nicht nur auf dem Ehrenbreitstein gegenwärtig, und auch die Anlage der Neustadt im 18. Jahrhundert macht sich im Stadbild noch eindrucksvoll geltend. Nicht zuletzt ihrer Residenz verdankt Koblenz, daß die Stadt 1822 auch Zentrum der preußischen Rheinprovinz wurde.

Koblenz verfügt über drei außergewöhnliche Sakralbauten, St. Florin und St. Kastor sind ehemalige Stifts-, Liebfrauen war Hauptpfarrkirche der Stadt. Sie alle besitzen eine markante

Fürstenstuhl bei Rhens

Rathaus von Rhens

Deutsches Eck in Koblenz

romanische Doppelturmfassade, die auffällig schmale von St. Kastor entstand sogar noch vor 1050. Im übrigen ruht die Architektur dieses Gotteshauses auf karolingischen Fundamenten, ab 1158 erhielt St. Kastor den heutigen Chor, ab 1200 das Langhaus. Und da die ursprüngliche Flachdecke um 1480 eingewölbt wurde, ist mit den schönen Rippensternen über Mittelschiff und Vierung auch die Gotik würdig repräsentiert. Stärker macht sie sich bei der spätromanischen Liebfrauenkirche dank des Chors aus dem frühen 15. Jahrhundert geltend, während sich der baukünstlerische Bogen im Fall der Florinskirche noch weiter spannt.

Gleich zweifach ist auch die erztrierisch-landesherrliche Vergangenheit präsent. Nahe der historischen Balduinsbrücke über die Mosel erhebt sich die ehemalige kurfürstliche Burg, mit deren Bau 1277 begonnen wurde, die ihr endgültiges Aussehen aber erst 1682 erhielt. Aus einem Guß ist dagegen das Neue Schloß von 1793. Seine noble klassizistische Architektur erstand 1950/51 nur vereinfacht wieder. Von den Bürgerbauten sei das einstige Rathaus genannt. Seine Nutzung begann 1425 als städtisches Kauf- und Tanzhaus, erst 1672 wurde es Sitz des Magistrats, um fünfzig Jahre später durchgreifend verändert zu werden. Im Stadtbild aber behauptete der dreigeschossige Bau seit je eine Sonderstellung, weil er allein die mittelalterliche Mauer moselseitig überragte.

Ein historischer Brennpunkt ist das ›Deutsche Eck‹. Deutsch heißt es nach der Niederlassung des Deutschen Ordens, deren einzig erhaltener Rheinbau aus dem 16. Jahrhundert heute mit Teilen der Sammlung Ludwig ein Museum für Moderne Kunst beherbergt. Aber er ist noch nicht das Eck, hier der südliche Mündungswinkel von Rhein und Mosel. Seine Anlage geriet 1897 zur martialischen Szenerie für den Auftritt Kaiser Wilhelms I. als Reiterstandbild. So gesehen erstreckt sich dieses Welterbe auch zwischen zwei Memorials von Preußens Gloria: im Süden das Niederwalddenkmal mit der bronzenen *Germania,* im Norden das Eck mit dem Herrscherbildnis, das erst 1993 als Kopie reinthronisiert wurde.

Welterbe als Herausforderung

Die großen Herausforderungen der nächsten Jahre warten nicht in Koblenz, sondern weiter rheinaufwärts. Immerhin konnte im Vorfeld der UNESCO-Ernennung ein besonders störender Mühlenbau abgerissen werden, doch droht solcher Gewinn durch einen aufwendigen Brükkenschlag andernorts kompensiert zu werden. Und wie etwa der Weinbau seine landschaftsprägende Aufgabe weiterhin wahrnehmen soll, bleibt unklar.

Es wird vieler Anstrengungen bedürfen, vieler Ideen und vieler kreativer Lösungsvorschläge, um die Auszeichnung als Weltkulturerbe weiterhin zu rechtfertigen. Aber hat die Tatsache, daß aus einem reichen Erbe schwierige Aufträge erwachsen, nicht auch etwas mit Glück zu tun?

The Rhine –
Our World Cultural Heritage

The Rhine

Our World Cultural Heritage

Contents

Edited by
Hans Christian Hoffmann, Dietmar Keller and Karin Thomas
with contributions from
Detlev Arens, Christian Beutler, Bernhard Gallistl, Wilfried Hansmann, Paul Schnitzer,
Karin Thomas and Thomas Veser

Concept: Karin Thomas
Cover design: Groothuis, Lohfert, Consorten
Reproductions: mediacologne, Hürth
English translation: Eileen Martin
Printed by: Rasch, Bramsche
Bound by: Bramscher Buchbinder Betriebe

Printed in Germany ISBN 3-8321-7323-4

Karin Thomas

The Rhine Valley – A Treasury of Living History and Natural Beauty

Monastic spirit and artistic creativity on the monastery island of Reichenau in Lake Constance, the Carolingian Hall of Kings in the Imperial Abbey of Lorsch, with its combination of ancient Roman autocracy and the Christian spirit, the Romanesque cathedral of Speyer and the supreme example of Gothic in Cologne cathedral, the Baroque palaces of Augustusburg and Falkenlust in Brühl, and not least the Rhine gorge between Bingen and Koblenz, lined with castles and ruins, terraced vineyards and towering rocks, with villages nestling on the slopes and in the valleys – they are all outstanding monuments in our UNESCO world cultural heritage site. Testimony to a thousand years of cultural history on the banks of the Rhine.

The course of the river linking north and south and the excellent transport route it offered made the Rhine the mediator of trade and culture at an early age, first between the Roman empire and Gaul and later between Italy, Germany and the Netherlands. From ancient Roman times the banks of the river were a cultural and political melting pot. Caesar's soldiers advanced down the Rhine into the North German plain, and Roman settlers built fortified towns on the banks with a high standard of civilisation; they built bridges and brought water from long distances, they set up an administration and engaged in teaching. The Merovingian and Franconian-Salian kings who came after them profited from the knowledge of the Roman architects and scholars, and from the achievements of the merchants and officials who had come from the Mediterranian region.

Monks from Italy migrated north along the Rhine, converting the Germanic tribes to Christianity and founding one of their earliest convents north of the Alps, the Benedictine monastery of Reichenau on Lake Constance. The frescoes by the Reichenau School in the nave of the church of St. George in Oberzell are the earliest examples of scenic wall painting from before 1000. Their subjects are taken from the illuminated manuscripts produced by the monastery's own book illustrators, whose influence extended far into the west, north and east of Europe.

The Hall of Kings in Lorsch is still perfectly preserved. It is a jewel of Carolingian architecture, built by Charlesmagne in the immediate vicinity of the Imperial monastery. It, too, is a testimony to one of the most important centres of early mediaeval art and scholarship on the Rhine. The famous Lorsch Gospel with its ivory cover carved from a Byzantine model and magnificently illuminated miniatures, the chronicle of the Lorsch Codex and the medical treatises in the Lorsch Book of Medicine are all evidence of the great scientific and cultural achievements of the monastery here. Hence the UNESCO Commission found that the Hall of Kings meets the most stringent criteria that entitle a single building to be nominated a world cultural heritage site that must be preserved: it is a unique masterpiece of human creativity.

The rich intermingling of the intellectual achievements of the ancient world, Germanic culture and Christian ideals gave rise to a great ecclesiastical architecture as well as to monastic life, and it also led to a mediaeval culture of settlements along the banks and on the slopes of the Rhine valley. The cathedral of Speyer, burial place of the Salian dynasty, is now regarded by the preservationists as a pioneering example of the development in Romanesque church architecture from the basilica to the vaulted hall, with rhythmic wall divisions created by projecting half-columns, vaulting ribs and attached chapels.

In the High Middle Ages Cologne, the city founded by the Romans, became the leading centre of art and architecture in the Rhine-Maas district. The elegance of the soaring cathedral, a light-filled structure for the shrine of the Three Kings, bears witness, as does the Cologne school of painting, to a dialogue in art and culture on the highest level with France and the Netherlands, and extending even to Britain and Eastern Europe.

In the Baroque period a palace architecture evolved out of the organisational structures of court building that combined economic and political needs with the desire for self-projection of the aristocratic builders. The residence at Brühl, for instance, with the palaces of Augustusburg and Falkenlust, was designed entirely in accordance with the wishes of Clemens August, Elector Prince and Archbishop. The palace that was built for him was to befit his rank and dignity, but at the same time the stately building had to suit his individual inclinations, to wit his love of falconry and his passion for art and music.

While from ancient times until into the sixteenth century the Rhine and its banks were seen rather objectively, as a major transport route valued for economic and general cultural purposes, in the seventeenth century first Dutch and then English painters began to see the Rhine and its landscape in a more romantic light, and myths and legends began to grow up. The castles and vinewards on the slopes of the Upper Middle Rhine, between the Bingen Gate and the confluence of the Rhine and the Mosel at Koblenz, with the steep ravines of the river valley, created a cultural landscape that inspired the imagination of many an artist and poet. The great rock of the Loreley in its fine setting became the centrepiece of this romanticised view of the Rhine. But the position, where the valley becomes a very narrow gorge, also entails considerable danger to shipping, for the rocks continue below the water level, greatly affecting the depth. This gave rise to the legend of the seductive nymph sitting high up on the rock who intoxicates sailors so much with her beauty that they fail to notice the dangers of the river bed and fall victim to her charms. Clemens Brentano personified the Loreley as a witch and included the ballad of the »Lore Ley« in his novel *Godwi* in 1801.

A good twenty years later Heinrich Heine took up the story of the Loreley in his book of poems *Buch der Lieder*. His poem »Ich weiss nicht, was soll es bedeuten« uses the simple rhythms and rhymes of the popular folk song and its narrative. Karl Simrock, a professor of German who taught at Bonn University, became a systematic collector of the legends and fairytales of the Rhineland. His many anthologies and the farces, ballads and songs he wrote himself in the popular mode of his time are still influential today.

Since the early decades of the nineteenth century a steamer trip on the Rhine between Cologne and Mainz has been one of the most popular tourist attractions in Europe. Particularly English travellers on the way to Rome never failed to take the route southwards through Germany by boat in order to enjoy the panoramic delights of the Rhine valley in relaxation on the deck. Numerous descriptions of the landscape were published to accompany their journey, with portfolios of engravings of the towns and villages and romantic genre scenes. A new form of cartography also evolved around this time in response to the desire of these admirers of the Rhine for better orientation. It was a panorama in fold-out form, combining maps giving systematic information on the course of the river and the towns and villages on its banks with a bird's-eye view of the adjacent castles, hills and towns.

Among the artists who discovered the romantic and atmospheric images afforded by the banks of the river and the grandiose Rhineland panoramas J.M.W. Turner is outstanding. He is the initiator of a landscape painting in which light is drama. He came to the continent in 1817 to visit the battlefield of Waterloo, for once the Napoleonic wars were over Waterloo, the site of the victory over the French army, had become a favourite tourist attraction. On this occasion Turner undertook a quick tour of the Rhine, the great variety of landscape there having no doubt drawn his attention on his first trip abroad in 1802. But at that time he was drawn to majesty of the Alps, as we see in his famous paintings of Mont Blanc, the Rhine Falls at Schaffhausen, the St. Gotthard Pass and Graubünden, and particularly in his atmospheric depiction of a snowstorm in

Die Heimkehr

Ich weiss nicht, was soll es bedeuten,
Dass ich so traurig bin;
Ein Märchen aus alten Zeiten,
Das kommt mir nicht aus dem Sinn.

Die Luft ist kühl und es dunkelt,
Und ruhig fliesst der Rhein;
Der Gipfel des Berges funkelt
Im Abendsonnenschein.

Die schönste Jungfrau sitzet
Dort oben wunderbar;
Ihr goldnes Geschmeide blitzet,
Sie kämmt ihr goldenes Haar.

Sie kämmt es mit goldenem Kamme,
Und singt ein Lied dabei;
Das hat eine wundersame,
Gewaltige Melodei.

Den Schiffer im kleinen Schiffe
Ergreift es mit wildem Weh;
Er schaut nicht die Felsenriffe,
Er schaut nur hinauf in die Höh.

Ich glaube, die Wellen verschlingen
Am Ende Schiffer und Kahn;
Und das hat mit ihrem Singen
Die Lorelei getan.

Heinrich Heine

The Homecoming

I don't know why I am so sad;
I can't get out of my mind
a tale from olden times.

The air is cool and it is growing dark,
and the Rhine flows peacefully;
the peak of the mountain sparkles
in the evening sunshine.

The fairest maiden sits up there,
wonderful, her golden jewellery glistens,
she combs her golden hair.

She combs it with a golden comb,
and sings a song the while;
it has a strange, powerful melody.

It seizes the boatman in his little boat
with wild woe;
he doesn't see the rocky reefs,
he only looks up to the heights.

I believe the waves finally swallow
the boatman and his boat;
and the Lorelei has done that with her singing.

English translation by Peter Branscombe,
Penguin Classics, Heinrich Heine, Selected Verse,
first published 1968, © Peter Branscombe 1968

the Alps. In 1817, after visiting Waterloo, he concentrated entirely on impressions of the Rhine, which he noted down in pencil studies in his sketchbook Waterloo and Rhine. After his return he worked up the sketches into a series of fifty finished watercolours of the Rhine. Marksburg and Andernach, Rüdesheim and the bridge over the Mosel at Koblenz – Turner's colours sublimate the arcadian aspects of these views as much as they delineate the topography. His work combines the idealisation of landscape by Claude Lorrain or Nicholas Poussin with brevity and precision in the depiction of castle and bridge, ferry and ship. The dynamic of the atmospheric handling of light underlines the tectonic tension between the river gorge and the mountain slope, or it transforms the flow of the river in the widening valleys to a gentle gliding motion. With these stylistic means Turner pioneered a painterly view of the Rhine in which mood and realism, poetry and truth, intermingle and unite.

In his article on the Upper Middle Rhine Detlev Arens quotes the writer Heinrich von Kleist, who regarded the stretch between Mainz and Koblenz as »the finest stretch of land in Germany« and he also emphasises that the impressive inclusion of the Rhine region on the UNESCO world cultural heritage list also entails responsibility for protecting it as a living entity. The classification as cultural landscape requiring preservation, which was awarded to the Rhine gorge in 2001, is regarded as the top of all the UNESCO world heritage categories. Beside the wealth of cultural treasures, historical tradition and beautiful scenery the romantic vision certainly played a part in this supreme award. But the romantic view of the Rhineland also has its disadvantages, it entails many risks to nature and culture, the limitation and removal of which have become obligatory now that the region is on the UNESCO world cultural heritage list.

In view of this, in addition to the fascinating beauty and living history of the world cultural monuments on the Rhine, our book also aims to point out the problems created for cultural landscapes like the monastery island of Reichenau and the Rhine gorge, and for the historical towns, churches, palaces and gardens by the demands of modern transport planning, the desire for a high standard of domestic comfort, tourism and the many business interests and economic concerns of our time.

Captions

P. 2
Friedrich Wilhelm Delkeskamp, Rhineland Panorama from Neuwied to Trechtingshausen, around 1840. Leaflet in aquatint, coloured, width 20 cm, length 270 cm, Westdeutsche Landesbank Girozentrale, Düsseldorf/Münster

P. 7
Johann Ludwig Bleuler, Views of Speyer and the Loreley, coloured copper engravings after watercolours in the portfolio »Les Vues les plus pirroresques des Bords du rhin depuis ses sources jusqu'a son embouchure dans la mer«, Schaffhausen, around 1845

P. 8
J.M.W. Turner, Marksburg, 1817, watercolour and body colour over pencil, 19.6 x 31.9 cm, Indianapolis Museum of Art, gift in memory of Dr. and Mrs. Hugo O. Pantzer

P. 9
J. M. W. Turner, Rüdesheim with a View into the Binger Loch, 1817, watercolour and body colour over pencil, 20.3 x 33 cm, National Museum of Wales, Cardiff

P. 17
View of Reichenau from the German side of Lake Constance

P. 19
A depiction of Mittelzell Minster dating from the Baroque period

P. 20
The Minster of St. Mark and the Virgin Mary in Mittelzell, the oldest church on Reichenau

P. 21
The Baroque wrought iron screen in the Minster that separated the monks' part of the church from the section for the people. It is in the east transept with the Altar of the Sacred Blood.

P. 22
The church of St. George in Oberzell

P. 23
Christ healing a man possessed of a devil; Calming the storm on the Lake of Galilee;
Frescoes dating from the 10th century in the church of St. George in Oberzell showing scenes from the life of Jesus

P. 24/25
The nave of the church of St. George in Oberzell with the most famous wall paintings of the Reichenau school, dating from the 10th century

P. 26
Renaissance wall painting in the Minster;
The church of St. Peter and St. Paul in Niederzell

P. 27
The east apse of the church of St. Peter and St. Paul in Niederzell with Christ enthroned in the mandala

P. 28/29
The Hall of Kings in Lorsch

P. 30
View of the former Benedictine Abbey at Lorsch

P. 31
Facade articulation on the Hall of Kings: Composite capitals between the arched entrances and Ionic capitals on the upper storey

P. 32
Carolingian and Gothic frescoes on the upper floor of the Hall of Kings;
Head of a young man from Lorsch, around 800 (found 1928). Grey sandstone, 22 cm high, Hessisches Landesmuseum, Darmstadt

P. 33
The vestibule from the south west;
View of the inside north wall of the vestibule; in the foreground the sarcophagus of Ludwig the German

P. 34
Sarcophagus with Christian symbols (the Cross and anchor) in relief work on the inside, a late Roman-Franconian technique

P. 35
Ivory cover of the Lorsch Gospel, showing the Madonna, around 810, assumed to have been in the monastery of Lorsch since 814, Victoria and Albert Museum, London

P. 36
View of the outline of the ground plan of the church of St. Peter in Altenmünster

P. 37
Articulated front of the Hall of Kings, composite capitals between the doorway arches and Ionic capitals on the upper storey

Pp. 40/41
Speyer Cathedral

P. 42
Speyer Cathedral: the north transept

P. 43
Speyer Cathedral from the north east

P. 44
The north side aisle

P. 45
View into the nave showing the apse

P. 46
Dwarf arcading on the south wall

P. 48
The crypt

P. 49
The baptistry

P. 50
A cycle of paintings of the life of the Virgin Mary by Johann Schraudolph; above the arcades in the nave

P. 51
Capital in the baptistry

P. 54
View over the Rhine to Cologne Cathedral, Hohenzollern Bridge in the foreground

P. 57
The choir with the Shrine of the Three Kings

P. 58
View into the nave

P. 59
Composite pillars in the nave

P. 60
Stefan Lochner: The Three Kings Altar, known as the Dombild, (Cathedral Painting), around 1440

P. 61
Plaster casts in the cast chamber in the north tower;
A devil on a misericorde in the choir stalls

P. 62
The Shrine of the Three Kings, detail of the gable side;
The Gero Cross, around 975, the oldest mediaeval over lifesize sculpture in the western world

P. 63
View from the triforium into the crossing

P. 64/65
Gothic architecture of light in perfection – View of the filigree vaulting in the ambulatory around the choir

P. 66
View of the vaulting over the clock floor in the south tower

P. 67
Buttressing on the south nave

P. 70/71
The Palace of Augustusburg, garden front

P. 72/73
Stairway with view into the garden salon

P. 74
The Dining Room or Music Salon;
The Yellow Apartment, view down the enfilade from the bedchamber

P. 75
Ceiling painting by Carlo Carlone in the Dining Room or Music Salon: Apollo leading the Muses

P. 76/77
The Palace of Augustusburg, the Audience Room in the Great New Apartment with a view into the garden

P. 78
View of the Palace of Falkenlust

P. 79
The lower vestibule and stairway in the Palace of Falkenlust

P. 80
The lacquer chamber in the Palace of Falkenlust

P. 81
View into the »Cour d'honneur«;
Ground plan of the Palace, ground floor and first storey. *Ground floor*: 1 Vestibule; 2 Stairway; 3 »Falcon Walk«; 4 Summer Dining Room; 5 Serving Room; 6-11 Summer Apartment; 22-24 Knights Chamber and Antechamber to the Blue Winter Apartment (25-36 destroyed, partly during the Second World War, partly earlier); *First storey*: 2 Staircase; 41-50 Grand New Apartment; 59-68 Yellow Apartment (63 and 64 Cabinet de la musique and the Indian Lacquer Chamber destroyed in the Second World War)

P. 82
View from the vestibule up the staircase; stucco by Giuseppe Artario, Carlo Pietro Morsegno and Joseph Anton Brilli

P. 83
Ceiling painting by Carlo Carlone in the Garden Salon:
Homage to the Emperor Charles VII

P. 84
Audience Room in the Grand New Apartment;
Fox hunting, painting by Joseph Billieux on the ceiling of the Audience Room

P. 85
Apes as falconers, on the ceiling of the chamber in the Grand New Apartment;
Wall fountain in the Dining Room of the Yellow Apartment

P. 86
Dining room in the Summer Apartment;
Tiles in the Dining Room in the Summer Apartment

P. 87
Copy of Girard's design for the garden following Renard
A Falkenlust shrubbery; B Falkenlust Avenue C Herb Garden D Copse
E Zoo F North Garden
1 The Palace of Falkenlust; 2 Chapel in the Falkenlust shrubbery; 3 Palace of Augustusburg with Cour d'honneur;
4 Western Court before the Palace of Augustusburg; 5 Franciscan church;
6 Kitchen building; 7 Wine cellars, including the stables, known as the Hubertusburg; 8 The south parterre with decorative pool; 9 Eastern ornamental garden known as the Rose Garden; 10 Kitchen garden; 11 Great Water Cross (not executed); 12 Indian House; 13 Snail Shell; 14 Lake; 15 Northern shrubbery

P. 88
The Palace of Falkenlust: engraving by Nikolaus Metteley from a drawing by Johann Martin Metz, around 1750

P. 89
The Palace of Falkenlust, aerial view from the north east

P. 90
View from the stairway in the Palace of Falkenlust to the ceiling painting by Stephan Laurenz de la Rocque

P. 91
Decorative carving with Meissen porcelain birds;
Stucco ceiling by Giuseppe Arfario (1733) and wall panelling with sections of a Chinese screen (around 1700);
Detail of a panel showing a landscape, from a chinese gold lacquer screen of the K'anghsi period (around 1700)

P. 93
François Rousseau, Falconry before the Palace of Falkenlust, around 1760

P. 97
The ruined castle of Rheinfels with a view into the Rhine valley

P. 98
St. Goarshausen and Katz Castle

P. 100/101
Braubach and the Marksburg

P. 103
Lizard orchis;
Bumblebee orchis

P. 104
Green lizard

P. 105
Swallowtail butterfly

P. 106/107
The rock of the Lorelei at St. Goarshausen

P. 108/109
The vineyards in spring

P. 111
The Mäuseturm (Mouse Tower) and the ruins of Ehrenfels (Castle near Bingen)

P. 112
The fortress of Ehrenbreitstein, with the council chamber beneath it;
Schönburg and the parish church of Our Dear Lady at Oberwesel

P. 113
Pfalzgrafenstein and Gutenfels Castle at Kaub;
View of the Rhine from Ehrenfels near Rüdesheim

P. 114
The Great Knights Hall in the Palace of Stolzenfels near Koblenz

P. 115
View from Stolzenfels over the palace chapel into the Rhine valley

P. 116
The pergola garden in the Palace of Stolzenfels

P. 117
Half-timbered houses on the market place of Rhens

P. 118
The Brömser Hof in Rüdesheim

P. 119
View of the vineyard and the Werner chapel at Bacharach

P. 120
A half-timbered house in Bacharach

P. 121
A bend in the river at Boppard

P. 122
Altar carving in the parish church of St. Martin in Lorch;
The Rochus chapel in Bingen

P. 123
The parish church of St. Severus in Boppard

P. 124/125
The collegiate church of St. Castor in Koblenz

P. 126
The Prince's Throne near Rhens;
Townhall of Rhens

P. 127
Koblenz: The Deutsches Eck

Fotonachweis

Achim Bednorz, Köln S. 48, 49, 58, 59, 97
The Board of the Trustees of the Victoria & Albert Museum, London S. 35
Hessisches Landesmuseum, Darmstadt S. 32 (unten)
Theo Keller, Reichenau S. 17, 19, 21, 23
Paul Mahrt, Osterholz-Scharmbeck S. 20, 22 (beide), 24/25, 26 (beide), 27
Bildarchiv Florian Monheim, Meerbusch Schutzumschlag, S. 28/29, 31, 32 (oben), 33 (beide), 34, 37, 40/41, 42, 43, 44, 45, 46, 50, 51, 54, 57, 61 (beide), 62 (oben), 63, 64/65, 66, 67, 70/71, 78, 80, 90, 91, 98, 100/101, 106/107, 108/109, 111, 112 (beide), 113 (beide), 114, 115, 116, 117, 118, 119, 120, 121, 122 (beide), 123, 124/125, 126 (beide), 127, 129
Paul Rhein, Lorsch S. 36
Rheinisches Amt für Denkmalpflege, Pulheim-Brauweiler S. 81 (unten), 87, 88
Rheinisches Bildarchiv, Köln S. 60, 62 (unten)
Jochen Rodenkirchen, Erftstadt-Scheuren S. 102 (beide), 103 (beide), 104, 105
Römer-Luftbild-Werbung, St. Augustin S. 69, 89
Heinpeter Schreiber, Köln S. 72/73, 74 (beide), 75, 76/77, 79, 81 (oben), 82, 83, 84 (beide), 85 (beide), 86 (beide)
Verwaltung der Staatlichen Schlösser und Gärten, Schloß, Bad Homburg vor der Höhe (Luftbildaufnahme Außenstelle Lorsch) S. 30